강원도 인문학 산책

강원도 인문학 산책

발행기관 강원도기독교총연합회
발행인 이수형
주소 강원도 원주시 관후길 24-2
전화 033-766-1365
E-mail uoohj@hanmail.net

발행일 2020년 12월 16일
발행처 키아츠KIATS
편집 류명균, 최선화, 김지원
디자인 박송화, 명하나
펴낸곳 키아츠KIATS
주소 서울시 도봉구 마들로 624, 302호
전화 02-766-2019
팩스 0505-116-2019
E-mail kiatspress@naver.com
Web www.kiats.org, blog.naver.com/kiatspress

---

* 본 출판물의 저작권은 강원도기독교총연합회에 있습니다.
* 사전동의 없이 무단으로 복사 또는 전재하여 사용할 수 없습니다.

기 독 교 가 안 내 하 는   **강 원 도 여 행**

강원도
인문학 산책

기획 강원도기독교총연합회·키아츠KIATS
저자 김재현·류명균·최선화

목 차

발간사 이수형(강원도기독교총연합회 회장) 6
추천사 최문순(강원도지사) 곽도영(강원도의회 의장) 6
강원도 순례길 Q&A 8
도서 활용 Tip 10
순례의 깊이를 더하는 독서 12

영서 북부

기독교 유적
춘천 죽림동성당 24 / 춘천미술관 30 / 철원제일교회 32
홍천 남궁억기념관 36 / 한서 남궁억 묘역과 유리봉 38

역사문화 유적
춘천세종호텔 44 / 춘천대첩기념평화공원 46
화천 평화의 댐 48 / 철원 노동당사 54
양구 박수근미술관 56

힐링휴양지
양구 DMZ 펀치볼 둘레길 62 / 양구 한반도섬 68

영서 남부

기독교 유적
횡성 풍수원성당 76 / 원주 용소막성당 80
원주제일교회 84 / 원주세브란스기독병원 88
원주 제2가나안농군학교 92

역사문화 유적
원주 박경리문학공원 102 / 영월 강원도탄광문화촌 108

힐링휴양지
영월 한반도지형 110

영동

기독교 유적
강릉 임당동성당 118 / 양양감리교회 120 / 강릉중앙교회 128
동해 북평제일교회 131 / 동해 천곡교회 134 / 태백 예수원 138

역사문화 유적
고성 통일전망대 142 / 고성 DMZ박물관 146 / 고성 화진포 150
강릉 김동명문학관 156 / 태백 철암탄광역사촌 160

힐링휴양지
강릉 국립대관령치유의숲 162 / 동해 무릉계곡 164

부록
추천 코스 170
DMZ 관련 관광지 174
에필로그_김재현(키아츠 원장) 179

발간사

이수형 강원도기독교총연합회장

기독교가 안내하는 강원도 여행, 《강원도 인문학 산책》을 발간하게 인도해 주신 하나님께 감사와 영광을 올려 드립니다.

강원도는 맑고 깨끗한 공기, 산, 강, 바다 등 수려한 사계절 자연의 아름다운 운치와 오래된 역사와 문화를 간직한 여행지가 많아 연인들은 물론 가족들이 함께 힐링할 수 있는 곳입니다. 강원도는 많은 이야기가 있는 곳이며, 역사의 현장, 생태계의 보고, 평화·생명·생태의 국토 중심, 남북 접경지이기도 합니다.

이번에 발간한 《강원도 인문학 산책》은 강원도를 크게 영서 북부, 영서 남부, 영동지역으로, 각 지역의 순례지는 주제별로 지역의 대표적인 기독교 유적, 역사문화 유적, 힐링 휴양지로 구분하여 많은 사람에게 강원도를 다양하게 경험할 수 있도록 하였습니다.

《강원도 인문학 산책》을 통하여 하나님이 창조하신 아름다운 자연 속에서 하나님을 향한 영적 여정의 시간, 지나온 삶을 돌아보는 시간, 쉼과 회복의 시간, 믿음의 신앙인들의 헌신을 경험하고, 남북한의 분단과 복음통일의 비전을 향해 나아가는 시간이 되길 바랍니다.

이 책은 믿고 따라가는 순례길을 안내해 주고, 순례의 깊이와 즐거움을 경험하고, 순례의 깊이를 더할 수 있도록 다양한 자료를 제공합니다. 쉼과 묵상을 할 수 있도록 순례길의 좋은 동반자가 될 것입니다.

강원도의 소중한 기독교유산, 역사문화유산, 관광자원을 경험하고 강원도를 알리는 안내서를 집필해 주신 키아츠(KIATS) 김재현 원장님과 연구원들께 감사를 드립니다. 도정에 바쁘신 가운데도 기도해 주시고 협력해 주신 최문순 도지사님과 곽도영 도의회 의장님, 강원도청 문화체육관광국 정일섭 국장님, 문화유산과 이준호 과장님, 김동원 계장님, 전태영 주무관님, 강원도기독교총연합회 유화종 사무총장님 등 관계자 여러분들께도 깊은 감사를 드립니다.

추천사

최문순 강원도지사

강원도기독교총연합회에서 처음으로 우리 강원도 지역의 대표적인 기독유산과 인문 문화유적 등을 담아 기독교인뿐만 아니라 일반인을 대상으로 한 기독교 순례 책자를 출간한 것을 진심으로 축하합니다.

강원도에는 아름다운 자연유산뿐 아니라 유서 깊은 기독유산이 산재하여 있음에도, 이러한 유적들이 그동안 많은 사람에게 알려지지 않았습니다. 이에 강원도기독교총연합회에서 숨겨진 기독유산을 알리는 책자를 발행하여 많은 분들께 소개할 수 있도록 노력하여 주신 것을 진심으로 감사드립니다.

강원도기독교총연합회에서 발간한 이번 책자에는 일제의 신사참배에 반대로 최초 순교자가 되신 강종근 목사님과 전쟁의 폭격으로 터만 남은 철원제일교회 유적 등의 기독유산뿐만 아니라 인문학적 색채가 가득한 원주 지역의 박경리 문학공원, 양구의 박수근미술관 그리고 잘 보전된 DMZ 지역의 명소 등 지역별 다양한 특색을 포함하고 있습니다. 이 책을 계기로 강원도 18개 시군에 산재한 기독교 유산이 보다 체계적으로 정리되어 도민들과 우리 국민들의 소중한 문화유산과 관광자원으로 자리매김하기를 기대합니다.

이번에 발간되는 《강원도 인문학 산책》은 기독교 순례와 인문학 여행의 수준을 한 차원 높여 줄 것이며 덤으로 명상과 쉼의 종교적인 내려놓음과 스밈과 번짐의 인문학을 강원도에서 느끼게 될 것입니다. 이 책은 강원도의 역동적이며 역사적인 기독교의 유산과 가치를 다시 한번 발견하고 느끼는 안내서가 될 것을 확신하며, 책의 출간을 강원 도민과 함께 진심으로 축하드립니다.

곽도영 강원도의회 의장

《강원도 인문학 산책》 발간을 도민 모두의 마음을 모아 진심으로 축하드립니다. 아울러, 발간을 위해 애써 주신 이수형 회장님을 비롯한 강원도기독교총연합회 관계자 여러분들의 노고에 진심으로 감사드립니다.

기독교의 복음 전파는 빠른 근대화를 이끌었고, 일제강점기를 거쳐 우리나라 역사의 순간순간을 함께 하며, 많은 국민들의 힘을 하나로 모으고 어려움을 극복하는 큰 힘이 되어 왔습니다. 그것은 우리 강원도도 마찬가지였습니다. 특히 첩첩산중 깊은 산과 망망대해 바다가 접한 강원도에서의 복음 전파는 결코 쉬운 일이 아니었지만, 복음 전파를 위한 기독교의 유산들은 산속 깊이, 해안가 가까이 많은 곳에 퍼져 있습니다.

특히, 한국전쟁을 거치며 둘로 갈라진 강원도는 빗발치는 총알과 대포 속에서 생이별한 가족과 친구, 그리고 생활 터전마저 일순간에 멀어지는 슬픔과 고통을 겪었습니다. 기독교는 이런 슬픔과 고통의 순간들을 함께하며 많은 이들과 함께 눈물을 흘리고 슬퍼하며 위로가 되어 주었습니다.

이번 《강원도 인문학 산책》은 기독교 복음 전파의 험난하고 고된 순간이 고스란히 담겨 있는 유적지뿐 아니라, 통일을 염원하는 평화관광지와 더불어 자유와 여유를 느낄 수 있는 청정 자연 관광지가 함께 소개되어 있습니다. 아울러, 박수근 미술관, 김동명 문학관 등 인문학이 숨 쉬는 지역의 명소를 함께 방문해서 시와 그림을 함께 감상한다면, 순례길이 더욱 풍성해질 것이라 생각합니다. 모쪼록, 모든 기독교인들께서 강원도의 인문학 산책길을 함께 느껴 보시기를 소망하며, 발간을 위해 애써주신 모든 분께 다시 한번 감사의 인사를 전합니다. 감사합니다.

강원도 순례 Q&A

Q **Q 왜 강원도 순례인가요?**

A 강원도의 개신교 복음전파는 철원, 춘천, 원주, 그리고 원산에서 강릉에 이르는 해안가 중심으로 전개되었습니다. 그리고 강원도만의 특징을 보여주는 기독교 유적들이 지금도 보존되어 있습니다.

강원도는 우리나라에서 유일하게 북한과 동일한 행정구역명을 가진 곳입니다. 철원 노동당사, 통일전망대, DMZ박물관 등 한국전쟁의 아픈 역사와 통일을 고민해보고 교육할 수 있는 수많은 장소가 산재해 있습니다.

강원도에는 대자연을 통해 휴식과 재충전을 경험할 수 있는 청정 휴양지가 곳곳에 있습니다. 번잡한 일상에서 벗어나 자연 속을 걷다보면 지친 몸과 마음에 힐링을 경험할 수 있습니다.

Q **Q 순례지는 어떻게 선정했나요?**

A 키아츠는 그동안 전국에 흩어진 기독교 신앙유적지를 정리하는 일을 진행해 왔습니다. 그 결과 2017년 10월에 전국 410개의 기독교 유적을 총 정리한 《한국 기독교 성지순례 50Belt》를 출간했습니다. 이러한 오랜 경험을 바탕으로 강원도의 기독교 유적지 중 신앙인이라면 꼭 가볼만한 대표적인 순례지를 선별하였습니다.

특별히 이번 책에서는 강원도의 지역 특성에 맞게 통일과 평화를 고민할 수 있는 유적과 청정 자연을 직접 경험할 수 있는 지역을 추가했습니다. 동해안에 유명한 해수욕장도 많지만, 순례라는 특성에 맞춰 자연과 함께 걸을 수 있는 코스를 우선해 추천하였습니다.

박수근 미술관, 김동명 문학관을 방문해서 시와 그림을 함께 감상한다면, 순례길을 더욱 풍성하게 만들어 줄 것입니다.

Q 코스는 어떻게 정하나요?

A 책을 보면서 꼭 가보고 싶은 유적지나 휴양지를 먼저 선택해보세요. 그리고 출발지를 기준으로 이동 경로를 고려해 목적지까지 가면서 들를만한 다른 유적지가 있는지 찾아 볼 수 있습니다. 만약 서울에서 출발해 양구 박수근 미술관에 간다면 중간에 춘천을 지나기 때문에 춘천 죽림동성당, 춘천미술관 등을 방문할 수 있습니다.

《강원도 인문학 산책》은 강원도를 크게 영서 북부, 영서 남부, 영동지역으로 구분해서, 한 번에 한 지역씩, 여행 일정에 맞춰 가능한 만큼 유적지를 돌아볼 수 있게 하였습니다.

각 지역의 순례지는 주제별로 기독교 유적, 역사문화 유적, 힐링휴양지로 구분되어 있습니다. 각 요소를 다양하게 경험할 수 있도록 코스를 정해보세요.

부록에 추천 코스가 있으니 참고하세요.

Q 누구랑 가면 좋을까요?

A 강원도 순례는 혼자서도 가능하며, 친구 또는 교회 공동체와 함께하는 것도 좋습니다. 혼자 순례를 떠난다면 일정을 조금 여유 있게 잡고 순례지를 천천히 탐방하면서 자신의 지나온 삶을 돌아보는 시간을 가져 보면 어떨까요?

구역이나 셀(사랑방), 혹은 두세 가정 단위로, 교회 리더들과 교역자 그룹이 함께 순례를 떠나는 것도 좋습니다. 특별히 초중고대학생들이 방학을 이용해 순례지를 돌아본다면 과거 신앙인들의 헌신을 배우고, 남북한의 분단과 통일을 고민해보는 시간을 가질 수 있을 것입니다.

도서활용 Tip

고민 No, 믿고 따라가는 순례길

때로는 너무 많은 정보가 갈 길을 방해할 때가 있습니다. 《강원도 인문학 산책》은 강원도의 수많은 기독교 유적지 중에서 신앙인이라면 꼭 가볼 만한 곳을 책에 담았습니다. 또한 청정 강원도를 느끼며 걸을 수 있는 순례길과 다양한 역사문화 유적지를 추가해 인문학 산책길을 위한 동반자로 만들어 보았습니다.
《강원도 인문학 산책》은 강원도를 영서 북부, 영서 남부, 영동지역으로 구분해 정리하였기 때문에 각 지역별로 쉽게 코스를 정할 수 있습니다. 강원도로 1박 2일, 또는 2박 3일의 순례 일정을 계획해보세요~! 이 책은 여러분의 여행에 좋은 동반자가 될 것입니다.

순례의 깊이를 더하는 다양한 자료 제공

강원도에는 그 중요성에도 불구하고 아직 개발되지 않은 유적지가 많습니다. 현장을 방문해도 건물만 남아있거나 기념비만 세워져 있는 경우도 있습니다. 《강원도 인문학 산책》은 각 유적지와 관련된 풍성한 이야기를 실어 독자들이 과거 흔적을 찾아볼 수 있도록 하였습니다. 현장을 밟고 끝나는 단순한 여행이 되지 않도록 유적지와 관련된 인문학적 지식, 역사, 인물 소개를 담았습니다.
특별히 순례의 깊이를 더하기 위해 순례지와 관련된 도서를 추천하였습니다. 강원도의 특성에 맞추어 평화와 통일을 고민해볼 수 있는 도서와 육체적인 쉼뿐 아니라 몸과 영혼의 쉼을 위한 안내서도 추가했습니다. 순례를 떠나기 전에 미리 읽어보면 순례길이 더욱 풍성해 질 것입니다.

전문가의 동영상 제공

《강원도 인문학 산책》을 제작하면서 각 순례지를 방문해 전문가들의 인터뷰를 진행하였습니다. 이 영상은 모든 독자가 공유할 수 있도록 온라인에 업로드하였고, 책의 큐알(QR)코드를 스캔하면 해당 동영상으로 바로 이동할 수 있습니다. 순례지 현장의 목사님과 관계자를 직접 만나지 않아도 동영상을 통해 현장의 소리를 직접 들을 수 있습니다.

＊QR코드 실행 방법
1. 안드로이드 마켓 또는 아이폰 앱스토어에 접속해 QR코드 스캔 어플리케이션을 다운로드(무료)한다.
2. 설치된 프로그램을 실행한다.
3. 카메라 화면이 나타나면 네모칸 안에 QR코드를 넣어 인식하도록 한다.
4. 해당 링크로 이동하면 동영상을 볼 수 있다.

함께 떠나는 순례 여행

혼자 떠나는 여행도 좋지만, 가족과 함께, 공동체 구성원들과 함께 순례를 떠나보세요! 구역별로, 셀별로, 교회 리더모임에서, 교역자 수련회로, 각 주일학교 특별 프로그램으로 강원도의 다양한 순례지를 밟아보세요. 함께 순례길을 걸으며, 함께 느낀 점을 나눈다면 더 풍성한 순례 여행이 될 것입니다.

순례의 깊이를 더하는 독서 #강원도 인물들

한서 남궁억의 생애: 불굴의 얼
김세한 지음 | 키아츠 | 2018년 | 14,000원

이 책은 은 한서 남궁억 선생에 대한 전기로서 한서의 믿음과 무궁화 정신을 잘 보여준다. 을사늑약 이후 일제의 억압과 회유, 그리고 각종 고문 가운데서도 순교하기까지 굴하지 않고 끝까지 지킨 '얼', 그 정신을 기리는 《불굴의 얼》은 바로 한서의 순교의 믿음과 사회구원의 믿음, 그리고 그의 시대정신인 무궁화 정신을 보여준다.

무궁화 선비 남궁억
남궁억 지음 | 키아츠 | 2010년 | 14,000원

남궁억이 저술하고 남긴 원 자료들을 모은 책이다. 그가 남긴 각종 자료와 기고문, 그와 관련된 일화, 그리고 일본 경찰들이 남긴 심문기록 등을 묶어 크게 네 가지 주제로 분류해 실었다. 한글과 영어번역본으로도 접할 수 있다. 남궁억 연구의 1차 출발점이 되는 책이다.

가나안, 끝나지 않은 여정
조용식 지음 | 포이에마 | 2016년 | 12,000원

가나안농군학교를 개척한 김용기 장로의 생애와 농군학교 개척 이야기를 담은 책이다. 또한 김용기 장로가 주장했던 가나안 복민주의 사상을 재조명함으로 우리 시대에 필요한 개척정신을 살펴볼 수 있다.

로버트 하디 불꽃의 사람

이덕주 지음 | 신앙과지성사 | 2013년 | 9,000원

한국교회의 영적 대각성을 이끈 로버트 하디의 선교활동과 그의 글을 담은 책이다. 저자인 이덕주 교수는 하디의 일생을 통해 한국교회가 나아갈 길을 모색하고 있다.

대천덕 자서전: 개척자의 길

대천덕 지음 | 홍성사 | 2016년 | 10,000원

1918년 중국에서 태어나 성공회에서 사제 서품을 받고 1957년 한국에 성 미가엘 신학원을 재건립하기 위해 내한한 대천덕 신부의 자서전. '개척자의 길을 따라', '평양의 치유', '진정한 칼뱅주의자', '한국으로 부르시다' 등 19편의 글을 엮었다. 이 책은 강원도 태백에 예수원을 설립한 과정에 대해 기록하고 있다.

박수근 아내의 일기

김복순 지음 | 현실문화 | 2015년 | 15,000원

박수근이 평생을 두고 사랑했던 아내이자 가장 가까운 거리에서 박수근의 인생을 함께 살아온 김복순의 회고록이다. '빨래터', '나무와 두 여인'을 비롯해 박수근의 대표작 67점을 수록한 이 책은 한국근현대사의 질곡 속을 온몸으로 살아 낸 화가의 삶을 생생하게 담아내고자 소설가 박완서의 산문과 미술평론가 유홍준의 해설을 덧붙였다.

순례의 깊이를 더하는 독서 #평화와 통일

뜻으로 본 통일 한국: 분단 시대 극복을 꿈꾸는 그리스도인의 통일 교양
구교형 지음 | IVP | 2014년 | 10,000원

저자 구교형은 남북나눔운동 간사, 교회개혁실천연대 사무국장, 평화누리와 하나누리 사무처장을 역임했으며, 2010년 찾는이광명교회를 개척해 섬기고 있다. 이 책은 아프고 고단한 분단 역사 속에 한반도를 넘어서 동아시아와 세계 평화에 기여하라는 하나님의 사명이 있음을 적극적으로 탐색해 나가면서, 보수와 진보, 청년과 기성세대를 넘어 국가와 민족을 마음에 품고 한민족의 평화로운 미래를 준비하고자 하는 모든 이에게 구체적인 통일 이정표를 제시한다.

남북 분단과 냉전 문제를 제대로 풀어내지 않고서는 개인이든 사회든, 국가든 민족이든 정상화될 수 없음은 분명하다. 그러나 그것은 단지 분단 이전으로 원상복구하고 물리적 통일을 이루는 정도를 말하는 게 아니다. 우리에게 주어진 진정한 소명은 안으로는 서로 대립하는 두 극단적 체제를 슬기롭게 극복하여 지속 가능한 민주복지사회를 만들고, 밖으로는 일촉즉발의 극단적 긴장 속에 있는 동북아를 화해와 평화의 무대로 바꾸는 피스메이커의 역할이다(마 5:9).

나는 청년 시절 함석헌 선생의 《뜻으로 본 한국역사》라는 책에서 이러한 비전을 처음 만난 이래로, 김구, 안중근 등 민족의 선각자들과 오늘날의 양심적 지성인들이 한결같이 동일한 꿈을 꾸고 있었다는 사실을 깨달았다.

그리스도인으로서 나는 신앙이 현실과 별다르지 않다고 보고, 다니엘처럼 우리도 눈앞에서 일어나고 있는 세계사의 현장들에 대해 신앙적 발언을 하는 게 마땅하다고 믿는다. 그래서 나는 이 책을 통해서 그러한 신앙적 비전을 나누고 싶었다. 그저 뜬구름 잡는 희망 사항이 아니라 구체적 과정과 냉철한 논리를 제시하는 현실이어야 한다는 점에서 힘겹지만 신앙과 현실 모두를 붙들고 씨름해야 할 동북아 평화의 비전을 함께 그려 보고자 한다.

통일을 넘어 평화로: 이문식 목사의 통일 설교
이문식 지음 | 홍성사 | 2007년 | 6,800원

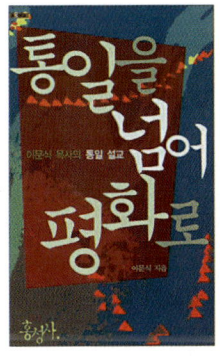

베트남은 무력에 의해, 독일은 경제에 의해 통일되었지만, 대한민국은 '하나님의 평화'로 통일되어야 한다는 신념 아래 저자인 이문식 목사는 그리스도인들이 평화를 만들어 내는 '피스메이커'(peace-maker)로서 정치적 이념에 좌지우지되지 않고 평화를 이 땅에 심겠다는 마음으로 통일운동을 펼쳐야 한다고 강조한다. 기독교인이 이 땅의 통일에 관하여 어떻게 생각하고, 움직여야 하는지 고민할 때 참고해 볼만한 설교집이다.

동독 라이프치히에 있는 성 니콜라이 교회에서 일어났던 기도운동이나 베를린의 겟세마네 교회에서 일어났던 기도운동은 모두 통일을 위한 기도운동이 아니라, 이 땅에 평화를 달라고 기원하는 평화를 위한 기도운동이었을 뿐이라고 독일 복음주의교회의 체디스 목사님은 말했습니다.

"우리는 그저 하나님의 나라와 평화가 이 땅 위에 이루어지기만을 기도했는데, 하나님께서는 독일 통일을 선물로 주셨습니다."

저는 이 고백에서 참 많은 것을 배웠습니다. 우리는 '통일 지상주의'에 빠져서도 안 됩니다. 끊임없이 통일을 바라보고 노력하고 기도하면서도, 지금 이 분단 현실 속에서 '하나님의 나라와 의'를 구하는 일에 애쓰는 것이 바로 통일을 가장 잘 준비하는 길입니다. 저는 그러한 삶을 '정의와 평화를 구하는 삶'이라고 생각합니다. 통일은 이런 삶에 더하여 주시는 하나님의 은총으로 우리에게 다가와야 합니다. 그래서 평화 통일이어야 하는 것입니다. 평화의 영으로, 평화의 과정을 거쳐, 결과가 평화인 통일이 하나님 나라와 의에 합당한 통일인 것입니다.

순례의 깊이를 더하는 독서 #자연과 쉼

영성에도 색깔이 있다
게리 토마스 지음 | 윤종석 옮김 | CUP | 2003년 | 11,000원

신앙인들에게 유익한 영성 지침서로 하나님과의 친밀함으로 이끄는 다양한 영적 기질을 소개한다. 예를 들어, 총 9개의 기질 중 자연주의자들은 야외에서 하나님을 더 밝히 보고 안식을 배운다.

아시시의 프란시스는 벌레들을 보살핀 것으로 유명하다. 벌레를 보면서 그는 시편 22장 6절에서 묘사된 수모 당하는 구주를 생각했다. "나는 벌레요 사람이 아니라. 사람의 훼방거리요 백성의 조롱거리니이다." 유명한 시토 수도회 수사이자 아시시의 프란시스의 제자인 클레어보의 보나드는 '책에서 배우는 것보다 숲에서 배우는 것이 더 많다. 숲과 돌은 어떤 스승한테서도 들을 수 없는 것을 가르쳐 준다'고 말했다. 우리가 듣기만 한다면 하나님은 피조 세계를 통해 말씀하실 것이다.
예수님은 분주한 사역 일정 중에도 한적한 곳을 찾아 기도하며 힘을 얻곤 하셨다. 제자들한테도 그렇게 하라고 가르치셨다. 우리를 돌보시는 분은 하나님이시지만 피조 세계는 하나님이 우리의 추운 마음을 덮어 주시는 따뜻한 이불일 수 있다. 예수님은 그것을 아셨다. 아시시의 프란시스의 제자, 성 보나벤처는 야외에서 하나님을 구하기 위한 훈련 지침을 제시했다. 첫째, 산과 하늘과 바다 등 피조 세계의 광대함을 생각한다. 그것은 삼위일체 하나님의 엄청난 능력과 지혜와 선을 분명히 보여준다. 다음, 피조물의 무수한 종류에 주목한다. 산에는 우리가 평생 살펴도 못다 할만큼 별의별 동식물이 다 살고 있다. 그것은 하나님이 동시에 많은 일을 하실 수 있다는 사실을 우리에게 보여준다. 끝으로 피조 세계의 아름다움을 살펴본다. 암석과 그 모양의 아름다움, 색채와 음영의 아름다움, 개개 요소의 아름다움, 전체적 구성의 아름다움을 보라. 하나님의 아름다움은 한 가지 형태로 나타날 수 없다. 자연은 하나님의 풍요를 말해준다. 우리가 섬기는 하나님은 자비와 사랑이 다함이 없는 부요한 하나님이시다.

안식: 그침, 쉼, 받아들임, 향연
마르바 던 지음 | 전의우 번역 | IVP | 2001년 | 14,000원

안식일의 의미와 중요성을 소개한 책이다. 저자는 안식일을 일뿐 아니라 모든 생산과 성취, 근심과 걱정을 그치고 영적, 육체적, 정서적, 지적 쉼을 누리는 것이라고 서술하면서 하나님의 요구와 뜻을, 그리고 공동체의 가치를 수용하라고 강조한다. 이 책은 피로 사회를 사는 그리스도인들에게 하나님이 의도하신 참된 쉼을 제시한다.

우리 문화의 가장 추한 모습 가운데 하나는 바로 한 사람의 생산성이나 성취로 그의 가치를 판단하는 것이다. "무슨 일을 하십니까?" 우리는 마치 그 대답을 통해 그가 실제로 어떤 사람인지 알 수 있을 것처럼 처음 만나는 사람에게 가장 먼저 이렇게 묻는다. 우리의 열등감은 대부분 자신이 하고 싶은 모든 것을 하지 못했다거나 자신이 다른 사람만큼 생산적이지 못하다는 사실에서 비롯된다.

성취에 대한 필요는 시간에 심하게 쫓기는 생활로 이어진다. 우리 사회에서는 효율성이 모든 것의 기준이 되어 버렸다. 우리는 승진을 위해 능력을 구하며, 남보다 뛰어난 사람이 되기 위해 상거래의 모든 속임수를 배운다. 교육 기관은 배움보다는 공부를 통한 경쟁에 전념할 때가 많다. 생산에 대한 이러한 모든 열망의 뿌리는 자신의 안전을 확보하려는 싸움이 자리잡고 있다.

우리는 많이 성취하려고 애쓰며, 이것은 자신의 가장 깊은 열망을 만족시키려는 방법 가운데 하나이다. 그러나 우리는 자신의 목표에 이르더라도 결코 만족하지 못할 것이다. 위대한 신학자 아우구스티누스는 이렇게 말했다. "오 주님, 당신께서 우리를 지으셨으므로, 우리가 당신 안에서 안식할 때까지 우리의 영혼에는 안식이 없나이다." 우리의 노력으로 이룬 성취로는 하나님 그분을 향한 갈망을 결코 만족시킬 수 없을 것이다.

우리가 안식일을 지킴으로써 누릴 수 있는 그침은, 끝없이 계속되는 생산을 위한 노력의 수레바퀴를 멈추는 기쁨이다.

01 영서 북부

기독교 유적

춘천 죽림동성당
춘천미술관
철원제일교회
홍천 남궁억기념관
한서 남궁억 묘역과 유리봉

역사문화 유적

춘천세종호텔
춘천대첩기념평화공원
화천 평화의 댐
철원 노동당사
양구 박수근미술관

힐링휴양지

양구 DMZ 펀치볼 둘레길
양구 한반도섬

영서 북부지역 미리 보기

산이 많고 길이 험한 강원도에 개신교와 가톨릭의 전래는 다른 지역에 비해 상대적으로 늦게 시작되었다. 접근 자체가 어려웠던 탓에 역설적으로 강원도 천주교회는 박해를 피해 온 사람들로 인해 시작되었다. 강원도 개신교는 서울과 원산을 기점으로 물길과 뱃길을 따라 시작되었다. 서울에서 금강산으로 가는 길목인 철원 김화 지경터에 강원도 최초의 교회가 시작되었고, 북한강을 따라 춘천과 화천과 양구에 복음이 전파되었다. 춘천, 철원, 화천, 양구를 다루는 영서북부 지역에서는 바로 이런 배경에서 시작된 교회(천주교회와 개신교 교회)와 역사와 분단 현장의 가볼만한 곳을 담았다.

18세기 후반에 신앙공동체를 시작한 천주교는 바로 박해에 직면했다. 강원도의 천주교는 박해를 피해 서울과 경기도의 신자들이 충청도와 강원도의 산간벽지로 숨어들어 가면서 시작되었다. 이 무렵 경기도의 신태보는 강원도 횡성 풍수원으로 피난해 신앙 공동체를 이루었고, 1888년 르메르 신부가 부임하면서 본당으로 승격되었다. 바로 이곳이 중심이 되어 춘천을 비롯해 원주, 화천, 양구, 홍천, 평창 등 12개 군에 걸쳐 29개 공소를 관할했다. 풍수원의 교세가 늘어가자 1896년 원주 본당, 1920년 춘천 본당, 1948년 홍천 본당이 독립해 천주교회의 지도가 세분화 되었다.

등록문화재 제54호로 지정된 춘천 죽림동 성당은 1920년 9월 김유룡 초대 주임신부가 부임하면서 춘천 지역 최초의 본당이 되었다. 김유룡 신부의 서한에 의하면 부임 당시 곰실 본당의 관할 지역은 춘천, 인제, 가평, 양구, 화천, 홍천 등 6개 군에 15개의 공소와 1천여 명의 신자를 갖고 있었다. 춘천 죽림동성당에서 그 장구한 천주교회의 신앙유산을 맛보아 보자.

한국개신교 선교 초기에는 여러 교단이 강원도에 들어왔다. 하지만, 부족한 선교사로 효율적인 선교를 위해 맺어진 선교지 분할 협정에 따라 강원도지역은 최종적으로 미감리회와 남감리회의 관할 구역이 되었다. 이런 이유로 강원도의 몇몇 지역의 초기 역사에는 장로교, 성결교, 감리교가 동시에 등장하기도 한다.

1888년 8월 미감리회 소속 선교사 아펜젤러와 존스가 지역 순방을 위해 처음 강원도 땅을 밟았다. 하지만, 강원도 선교 사업에 실질적으로 제일 먼저 착수한 선교사는 클라렌스 리드(Clarence F. Reid, 이덕)와 로버트 하디(Robert A. Hardie, 하리영)였다.

외국인 선교사들과 함께 강원도 선교의 문을 연 사람은 한국인 권서인과 매서인들이었다. 이들은 성경과 관련 책자를 팔면서 기독교를 전하는 사람들인데, 1898년 윤승근을 비롯한 경기도의 고양읍교회 교인들이 철원, 김화지역에 복음의 씨앗을 뿌렸고, 같은 해에 남감리회 소속 매서인 나봉식, 정동렬이 춘천으로 들어가 쪽복음을 나누어주며 복음을 전했다.

이렇게 하여 영서북부지역은 금강산으로 가는 길목과 서울에서 비교적 가까운 춘천이라는 두 지점을 중심으로 기독교가 시작되었다. 1899년 하디가 동해안 선교전략지점인 원산으로 부임하면서 내금강을 거쳐 원산으로 가는 길목에 위치한 김화 부근의 교회를 돌보기 시작했다. 이무렵, 새술막(김화)교회와 지경터교회, 철원읍교회가 세워지면서 철원지역은 1920년부터 강원 북부 지역의 선교거점으로서 중요한 역할을 담당했다.

춘천지역에 선교활동이 시작된 것은 1897년 12월 8일 미국남감리회 한국선교부가 강원도 선교를 결정하면서부터이다. 이후 1904년 남감리회는 춘천을 독자적인 '춘천구역'으로 설정하고, 1907년 지금의 춘천미술관 지역에 병원, 학교, 예배당, 선교사 사택 등을 건립하였다. 봉의산 자락에 위치한 선교센터는 3만 5천평 부지에 세워져 이 지역이 중심적 역할을 했다. 이후 1906년 콜리어(Charles T. Collyer, 고영복) 선교사가 춘천지역을 돌보았고, 1908년 무스(Robert J. Moose, 무야곱) 선교사 가족이 이주해 복음 전파에 힘썼다. 이때 세워졌던 방대한 센터의 원형을 발굴하는 것이 춘천기독교계의 과제일지 모른다.

강원도 홍천 보리울에는 독립운동과 교육에 앞장선 남궁억 선생을 기념하는 기념관과 묘역이 조성되어 있다. 남궁억은 1918년 겨울 강원도 홍천군 서면 모곡리로 낙향한 후 교회와 학교를 세워 농촌을 계몽하고, 학생들에게 독립정신을 심어 주었다. 또한 무궁화 묘목을 전국에 보급하며 그리스도를 담아 한민족에게 희망을 전달하였다. 서울 중심부 서대문독립공원에서 홍천 모곡을 잇는 남궁억과 무궁화, 그의 겨레사랑을 흠뻑 느껴볼 수 있는 공간이다.

기독교의 역사유적은 우리 민족의 삶과 역사의 현장에서 더불어 느낄 때 더욱 빛날 수 있다. 춘천대첩기념평화공원, 화천 평화의 댐, 철원 노동당사, 양구 DMZ 펀치볼 둘레길은 아직도 진행 중인 분단의 역사, 한국전쟁, 통일에 대한 화두를 던져준다. 양구에서 만나는, 인간의 선함과 진실함을 그린 화가 박수근 미술관과 한반도섬 주변에 세워진 각종 조형 예술물들은 여행의 깊이를 더해줄 것이다.

영서 북부지역 한눈에 보기

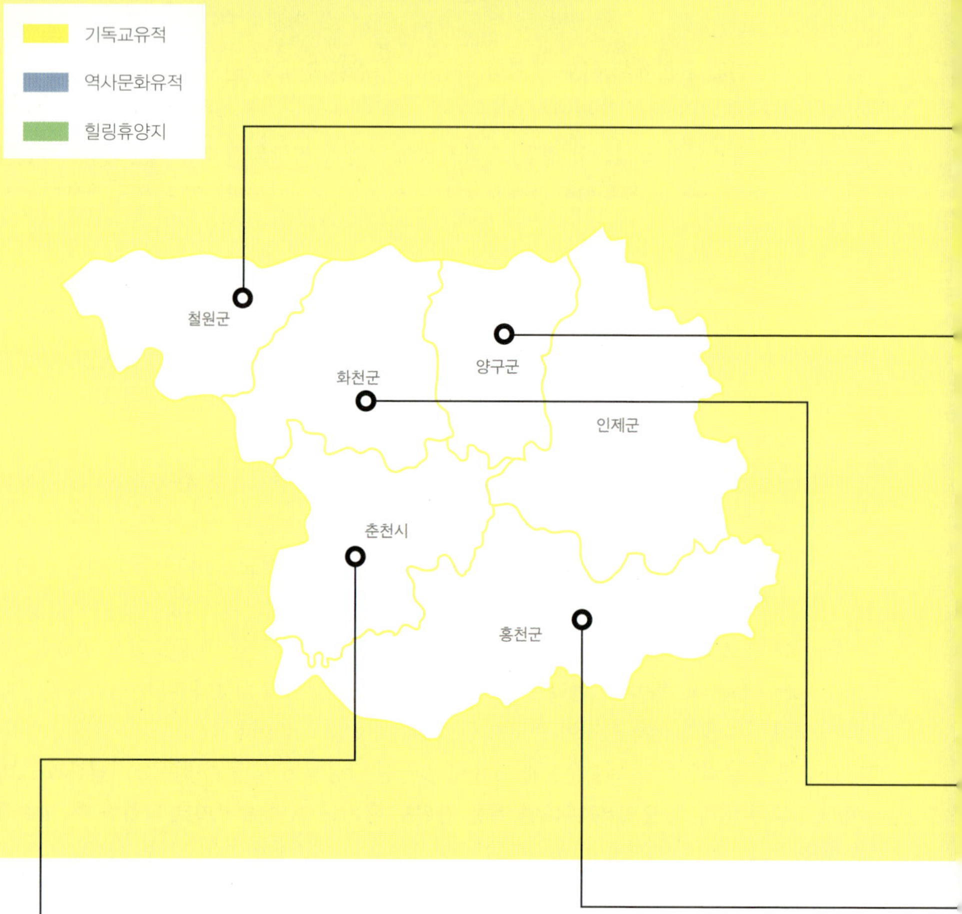

- 기독교유적
- 역사문화유적
- 힐링휴양지

철원군
화천군
양구군
인제군
춘천시
홍천군

춘천시

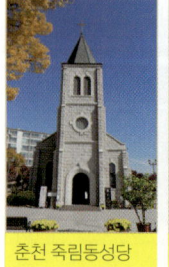
춘천 죽림동성당

춘천미술관

춘천세종호텔

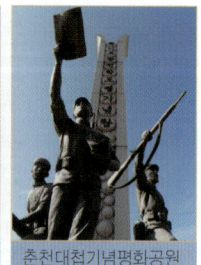
춘천대첩기념평화공원

철원군

철원제일교회

철원 노동당사

양구군

양구 박수근미술관

양구 한반도섬

양구 DMZ 펀치볼 둘레길

화천군

화천 평화의 댐

홍천군

홍천 남궁억기념관

홍천 남궁억 묘역과 유리봉

춘천 죽림동성당

등록문화재 제54호 · **주소** 강원도 춘천시 약사고개길 23 · **전화번호** 033-254-2631

강원도의 천주교회 역사와 순교의 역사를 종합적으로 느낄 수 있는 곳. 죽림동성당의 모체는 당시 강원도 천주교의 중심이던 횡성의 풍수원 성당에서 1920년에 분가한 곰실 본당으로 엄주언의 헌신적인 전교 활동으로 설립되었다. 엄주언은 청년 시절 우연히 천주교 서적을 읽고 구도의 길을 걷기 시작했다. 이후 춘천 고은리의 한 폐가를 사서 정착한 그는 자선과 모범적 신앙생활로 이웃들을 감화시켜 300명에 가까운 신자를 얻었다. 횡성 풍수원 성당의 정규하 신부가 일년에 서너 번씩 방문해 관리하다가 1920년 9월 김유룡 초대 주임신부가 부임해 춘천 지역 최초의 본당이 되었다.

이후 1928년 활발한 전교활동을 위해 춘천 시내로 진출해 춘천 본당을 설립했고, 1938년 춘천 본당 제5대 주임으로 부임한 퀸란 토마스 신부가 인근 대지를 매입해 현재의 성당 자리를 마련했다. 1949년 4월 새 성당 건립을 시작했지만, 한국전쟁으로 일부가 파손되었다가 제13대 주임으로 부임한 커머포드 신부가 복구 작업을 시작해 미군과 교황청의 도움으로 1953년 마무리하였다.

성당 입구에는 춘천 시내를 향해 손을 벌리고 서 있는 예수성심 조각상이 세워져 있다. 성당 안 회랑에는 예수님의 고난을 묵상할 수 있는 십자가의 길이 조성되어 있다. 죽림동성당은 2003년 근대문화유산 등록문화재 제54호로 등록되었다.

죽림동성당 뒤뜰에는 한국전쟁 중 여러 곳에서 희생된 순교자들이 함께 잠들어 있다. 한국전쟁 직후인 6월 27일 춘천 소양로 본당의 고 안토니오(Anthony Collier) 신부가 피살되었고, 7월 4일에는 삼척본당의 진 야고보(James Maginn) 신부, 8월 29일에는 묵호본당의 라 바드리시오(Patrick Reilly) 신부가 공산군에 의해 살해되었다. 10월 9일에는 양양본당의 이광재 티모테오 신부가 원산으로 끌려가 순교했으며, 12월 6일에는 손 프란치스코(Francis Canavan) 신부가 압록강변 중간진 부근 하창리 포로수용소에서 병사했다.

1951년 10월 11일, 전쟁 와중에 가매장 되어있던 고 안토니오 신부와 라 바드리시오 신부의 유해를 발굴해 죽림동성당에서 장례를 치른 후 뒤뜰에 안장했다. 이듬해인 1952년 3월 26일 진 야고보 신부의 유해도 옮겨왔다. 이후 평양 감옥에서 옥사한 것으로 추정된 백응만 다마소 신부와 북한 지역에서 순교한 이광재 티모테오, 김교명 베네딕트, 손 프란치스코 신부의 가묘도 함께 조성하였다.

고 안토니오 신부 (Anthony Collier, 1913. 6. 20-1950. 6. 27)

1913년 6월 20일 아일랜드에서 태어난 고 안토니오 신부는 1938년 12월 21일 성골롬반외방선교회 소속으로 사제품을 받고, 이듬해 1939년 한국에 입국했다. 강릉과 횡성본당의 보좌를 지냈고, 1950년 1월 5일 춘천시내에서 두 번째 본당으로 신설된 소양로본당의 초대 주임으로 임명되었다. 소양로본당에 부임해 성당을 지을 준비와 함께 사목활동을 시작한 지 얼마 지나지 않아 6월 25일 전쟁이 터졌다. 앞마당에까지 포탄이 떨어지는 와중에 성당에 남아 교우들을 돌보던 안토니오 신부는 6월 27일, 복사 김 가브리엘과 함께 춘천을 점령한 공산군에게 체포되었다. 공산군은 한적한 강변으로 그들을 끌고 가 아무런 예고없이 총을 쏘았고, 안토니오 신부는 복사를 안고 쓰러졌다. 그 자리에서 안토니오 신부는 순교했고, 김 가브리엘은 총상을 입었다. 1951년 10월 교우들은 신부의 유해를 수습해 훗날 죽림동성당 뒤뜰에 안장했다.

이광재 신부 (1909. 6. 9-1950. 10. 9)

이광재 티모테오 신부는 1909년 강원도 이천군 낙양면 냉골에서 태어났다. 1936년 3월 28일 사제품을 받은 그는 강원도 횡성군 소재 풍수원본당 보좌로 임명되어 열성적이면서도 헌신적인 사목에 임했고, 우리나라에서 최초로 프란시스코 3회 회원이 되어 복음적 가난과 완덕의 삶을 살아 나갔다. 1939년 양양본당 주임사제로 부임해 교우들을 돌보고, 양양성당을 건축하는 일에 최선을 다했다. 해방 후 38선 이북인 양양이 공산화되자 종교에 대한 탄압이 심해졌다. 이런 이유로 성직자, 수도자들이 종교적 억압을 피해 남쪽으로 넘어가도록 그는 도움을 주었지만, 본인은 "양들을 두고 갈 수 없다"며 끝내 남쪽으로 내려오지 않았다. 한국전쟁이 일어난 후에도 끝까지 교우들을 돌보고 성사를 집전하던 그는 공산당에게 체포되어 1950년 10월 9일 새벽 원산 방공호에서 공산군의 총탄에 목숨을 잃었다.

죽림동성당의 역사

죽림동 본당의 모체인 곰실 공소

우리나라 천주교 신앙은 외국 선교사의 전도 없이, 스스로 신앙 교리를 배우고 그 가르침에 따라 살면서 시작되었다. 춘천의 천주교회 역시 비슷한 특징을 갖고 시작하였다. 죽림동 본당의 모체인 곰실 공소는 천부적인 종교심성을 지닌 청년 엄주언의 자발적인 열정으로 출발하였다. 엄주언 마르티노는 1872년 12월 10일(음) 춘성군 동면 장학리 노루목에서 4형제 중 막내로 태어났다. 착하고 총명하던 그는 열아홉 살 되던 1891년 우연히 초기 천주교관련 책인 《천주실의》와 《주교요지》를 읽고 감명을 받고 구도에 나설 것을 결심하였다. 그로부터 2년 후인 1893년 늦가을에 그는 맏형과 함께 일곱 식구를 모두 데리고 우리나라 천주교의 발상지인 경기도 광주 천진암을 찾아가 그곳에 움막을 짓고 어렵게 지내면서 교리를 배워 이듬해에 형과 함께 세례를 받았다. 그렇게 3년간의 광주 생활을 마칠 무렵인 1896년에 나머지 가족도 다 영세를 받은 후에 굳은 선교의 사명감을 품고 고향으로 돌아왔다. 그러나 그들은 천주학쟁이로 냉대를 받으며 마을에서 쫓겨나 외가의 도움으로 춘천시 동내면 고은리 윗 너부랭이의 폐가 한 채를 사서 생활했다. 엄주언 일가는 이처럼 친척과 이웃으로부터 따돌림과 수모를 당하면서도 맨손으로 어렵사리 화전을 일구며 묵묵히 살기 시작했다. 주경야독하며 근검하게 사는 그의 모습에 사람들이 마침내 감동하여 그에게 천주교에 대한 가르침을 청하였다. 윗 너부랭이에서 여러 해 땀 흘린 보람이 있어 살림과 농지를 늘려 아랫 너부랭이로 옮겼다가 다시 곰실 공소로 옮긴 후 조촐한 강당까지 마련해 미사를 보았다. 이렇게 되어, 물구비·춘천·화천·양구 순으로 공소를 순방하던 정규하 신부가 곰실에서 해마다 40~50명씩 세례를 줄 정도가 되었다. 곰실 공소 교우들은 엄 회장 지도하에 자선 봉사와 엄하고 독실한 모범적 신앙생활에 전념하면서 300명 가까운 수로 늘어났다. 1920년에는 제대로 규모를 갖춘 공소를 건립하고 지역을 세 구역으로 나누어 모범적인 신앙 공동체로 성장하였다.

곰실 본당의 춘천 진출

엄주언 회장은 풍수원과 서울 명동을 수년간 거듭 방문하면서 상주사제 파견을 간청했다. 그 결과 곰실 공소가 본당으로 설립되고 1920년 9월 초대 김유용 신부가 부임했다. 활기 넘치는 곰실 공동체는 춘천 시내 진출을 위해 교우 전원이 애련회(愛煉會)에 가입해 가마니 짜기, 새끼 꼬기, 짚신 삼기 등을 통해 몇 해에 걸쳐 모은 돈에 논까지 팔아 현 죽림동 성당 아래 골롬반 병원 터와 아랫마당 그리고 수녀원 터인 당시 김영식의 집(약사리 148번지)을 사서 개조해 1928년 5월부터 춘천 본당의 옛 성당으로 사용했다. 1938년 외국인으로는 처음으로 춘천 본당 제6대 주임으로 부임한 퀸란 토마스 신부는 부임 직후 약사리 고개 언덕에 있는 도토리밭을 매입해 현재의 성당 자리를 마련했다.

새 성당 건립

현재의 죽림동 주교좌성당은 김유룡 신부와 엄주언 회장이 이끈 곰실 교우들이 애써 마련한 아랫터에 더해 퀸란 토마스 신부가 매입한 언덕 위에 자리하게 되었다. 성당 기공식은 성당 벽에 라틴어로 붙어있는 초석이 말하듯이 1949년 4월 5일에 있었다. 새 성당의 건립은 퀸란 신부가 주임으로 부임한 지 2년 후인 1941년에 감목 대리직을 맡으면서 계획해 왔지만, 일제 치하의 외국인 구금 및 연금으로 착공이 지연될 수밖에 없었다. 해방과 더불어 1946년 다시 복직한 퀸란 신부는 여러 가지 어려운 일로 건립을 미루다 다행히 미군 부대의 도움을 얻어 1949년 본격적으로 착공하였다. 실제 건축 작업은 전남 광주에서 온 '차'씨 성의 한 화교 기술자와 또 다른 기술자가 맡았다. 석재는 멀리 홍천 발산리 강가에서 날라왔다. 그러나 한 해 동안 돌로 외벽을 훌륭하게 다 쌓고 동판 지붕까지 덮고 나서 내부 공사에 들어갈 때 한국전쟁이 터지면서 모든 것이 중단되었다.

성당 파괴와 납북

전쟁이 터지자 춘천시에는 그 이튿날인 6월 26일 아침부터 포탄이 떨어지기 시작했다. 게다가 바로 다음 주일인 7월 2일, 퀸란 토마스 지목구장 신부가 본당 미사를 드리는데 공산군이 들이닥쳐 성당 안에서 공포를 쏜 후 20여 명의 교우가 지켜보는 앞에서 캐나반(Canavan) 보좌신부와 함께 체포해 연행해 갔다. 그 후 교황사절 번(J. Patrick Byrne) 주교를 비롯한 외국인 사제, 수녀, 개신교 목사 등 수백 명이 평안북도로 끌려가 강제 수용되었는데, 캐나반 신부도 번 주교처럼 그곳에서 모진 고생과 추위를 견디지 못하고 선교하였다. 그래도 1953년 4월까지 34개월간의 포로 생활에서 기적같이 살아 돌아온 사람 중에는 퀸란 토마스 신부와 필립보 크로스비(Philip Crosbie) 신부가 있었다. 그러나 라 파트리치오 신부, 고 안토니오 신부, 진 야고보 신부는 모두 아일랜드 출신으로 1950년 남한에서 피살되었다. 이렇게 한국전쟁 중에 순교하거나 납북된 후 모진 고생 끝에 살아 돌아와 선종(善終)한 성직자들의 시신은 죽림동 성당 뒷마당의 교구 순교자 묘역에 함께 모셔져 있다. 한국전쟁은 강원도 천주교회에 많은 순교자들을 만들어냈다. 이밖에도 춘천 지목구에서는 한국전쟁을 전후로 평강 본당의 백응만(다마소) 신부가 연행되어 옥사했고, 의주 본당의 김교명(베네딕토) 신부가 행방불명되었으며, 소양로 본당의 콜리어(Collier) 신부와 홍천 본당의 크로스비 신부도 퀸란 지목구장 신부와 함께 죽음의 행진을 이어갔다. 연길·함흥·원산 지역의 성직자와 수도자 그리고 신자들의 남하를 헌신적으로 돕던 양양 본당의 이광재 티모테오(1909-1950년) 신부 또한 1950년 6월 24일 공산군에게 연행되어 원산 와우동 형무소에 갇혔다가 10월 9일 총살당하였다. 또한 전쟁 중의 공습으로 안타깝게도 짓다 만 죽림동 새 성당의 한쪽 벽이 무너지고 사제관 등 부속 건물이 대파되었다.

성당 복구와 완공

1951년 8월에 제13대 본당 주임으로 부임한 커머포드(Comerford) 신부는 마당에 천막을 치고 미사를 드리면서 서서히 복구 준비를 했다. 전란 중이었지만 미군과 교황청의 지원으로 복구가 잘 진전되어 1953년에는 대부분 완료되었다.

한편 수용소에서 살아온 퀸란 신부는 그곳에서 순교한 번 주교의 뒤를 이어 한동안(1953-1957년) 교황사절 서리를 겸하였다. 1955년 9월 20일 춘천이 지목구에서 대목구로 승격되자 퀸란 신부는 11월 23일 초대 춘천 대목구장으로 부임하면서 주교로 서품되었다. 그리고 1956년 6월 8일, 춘천교구와 죽림동 성당 주보 축일인 예수성심 대축일에 새로운 모습을 갖춘 주교좌성당의 봉헌식이 마침내 성대히 거행되었다.

주교좌성당 중창(重創)

춘천교구는 2000년 대희년과 교구 설정 60주년이라는 성숙과 도약의 뜻깊은 해를 앞두고 교구의 상징이자 중심인 죽림동 예수성심 주교좌성당의 모습을 일신하여 새 천년기에 들어서려는 계획을 세웠다. 1994년 12월 14일 한국인으로서는 처음으로 춘천 교구장에 부임한 장익 요한 주교는 죽림동 본당 제22대 주임 이정행 요한 신부와 함께 계획을 실천에 옮겼다. 많은 이들의 협조와 가톨릭 미술가회 소속 중진 작가들의 적극적 참여로 1998년 4월부터 다섯 달에 걸쳐 성당 안팎 공간의 형태는 역사적인 모습 그대로 보존한 채 전례 거행에 합당하고 예술적으로도 완성도 높은 성당으로 변모시켰다. 그리고 9월 14일 십자가 현양 축일에 중창 축복식을 거행했다. 또한 죽림동 성당 터를 마련하고 주교좌성당의 기초를 놓은 엄주언 마르티노 회장의 공적을 기리고 전교 사업을 목적으로 춘천교구 가톨릭 회관을 지하 2층 지상 6층 규모로 건립해 '말딩회관'(사제관 포함)이란 이름으로 1999년 4월 24일 축복식을 가졌다.

주교좌성당 성역화와 성지 선포

죽림동 주교좌성당은 2003년 6월 25일 근대문화유산 등록문화재 제54호로 지정되었다. 2012년 11월 21일 말딩회관 내에 본당 설립 100주년(2020년)을 앞두고 마련한 역사전시실 축복식을 가졌다. 그리고 2013년 죽림동 성당 성역화 사업으로 성당 앞 부지에 전정·중정·회랑 등을 지어 새롭게 단장하였다.

2017년 9월 17일 춘천교구 교구장 김운회 루카 주교는 한국전쟁 순교자들이 묻혀 있는 죽림동 주교좌 예수성심 성당의 교구 순교자 묘역과 모든 사제의 모범인 이광재 디모테오 순교자가 마지막까지 사목하던 양양 아기 예수의 성녀 데레사 성당 두 곳을 성지로 선포했다. 이처럼 춘천교구 순교자 묘역은 춘천교구에서 활동하다 선종한 사제들이 잠든 곳인 동시에, 신앙을 증거하고 목자로서의 소명을 다하기 위해 애쓰다 희생된 한국전쟁 순교자들이 함께 모셔진 곳이다.

춘천미술관

주소 강원도 춘천시 서부 대성로 71(옥천동 73-2) · **전화번호** 033-241-1856 · **홈페이지** blog.naver.com/ccart1856 · **입장료** 무료 · **휴무일** 연중개방 · **주차** 무료

3만 5천 평의 광대한 초기 선교지부의 웅대함과 신앙적 비전을 몰래 간직하고 있는 곳. 현재 춘천미술관으로 사용하고 있는 붉은 벽돌 건물은 춘천 개신교 역사의 오랜 전통과 아쉬움을 동시에 보여주는 곳이다. 원래 이 미술관 자리와 인근 지역이 100여 년 전 춘천 개신교선교의 요람이었기 때문이다. 그중 이 미술관 자리는 원래 미국 남감리회가 1920년에 병원으로 지은 공간이었다. 이후 춘천중앙교회가 한국전쟁으로 부서진 예배당을 대신해 이 건물을 인수해 사용하였다. 춘천중앙교회가 다른 곳으로 이전하자, 춘천시가 이를 사들여 현재 미술관으로 활용하고 있다. 원래 미술관 뒤쪽으로 봉의산 자락에 걸쳐 약 3만 5천 평의 땅에 춘천선교지부가 시작되었고, 이곳에는 예배당을 비롯해 학교와 병원, 선교사 관사가 형성되어 있었다. 하지만, 오늘날에는 그 흔적을 거의 찾아볼 수 없다.

춘천미술관은 현재 다양한 기획 전시와 개인전을 개최하고 있으며, 공식 블로그에서 현재 진행 중인 전시를 확인할 수 있다.

춘천중앙교회 역사

춘천을 비롯한 강원도는 오랫동안 감리교회의 선교구역이었다. 1897년 12월 미국 남감리회 한국선교회가 강원도 선교를 처음 결의하고 1898년 서울 남송현교회(후의 광희문교회) 소속 교인인 나봉식과 정동열을 파송했다. 이후 1900년 9월에 열린 선교연회에서 강원도 선교를 둘로 나누어 원산 구역을 독립시키고, 춘천을 중심으로 한 북한강 유역은 서울 구역에 편입시켜 무스가 이 지역을 맡도록 했다. 1901년 4월 무스 선교사는 '퇴송골'에 '작은 속회'를 조직해 춘천 최초의 개신교 신앙 공동체를 조직했다. 1904년 9월 제8차 선교연회에서 춘천은 독립구역이 될 정도로 발전했다. 이로써 이 무렵 감리교회 의회 조직의 기본 단위인 '구역회'가 조직되었고, '춘천교회'라는 명칭을 사용하게 되었다.

1906년 춘천 선교의 아버지라 불리는 이덕수가 춘천 최초의 정착 전도인으로 임명되었는데, 그는 오늘날 춘천중앙교회 성장과 발전의 기틀을 마련한 핵심 인물이었다. 그는 아동리에 있는 자신의 집에서 집회를 시작했고, 이후 아동리 예배당은 춘천지역 50여 개 교회를 관리하는 구역교회로 자리했다. 1907년 말 봉의산 동남부 산기슭과 언덕 일대에 3만 5천여 평의 부지를 확보해 선교지부를 형성했고, 1908년 9월 무스 가족이 춘천으로 이사해 오면서 춘천 선교는 더욱 활발해졌다. 무스 가족은 춘천에 들어와 거주한 최초의 '서양인' 가족이 되었다. 춘천교회는 교인이 늘어나자 1908년 여름 예배당을 배로 증축했고, 다시 1년 후, 1909년 여름에 네 칸을 더 늘여 모두 12칸 자리 예배당을 마련했다. 한편 무스 부인은 여성 관련 모임을 시작하고, 교육 사업에 착수했다. 1909년 9월 아동리 언덕에 학교를 짓고 남학교를 시작했는데, 이후 한영지서원(韓英支書院)으로 발전해 춘천 최초의 남학교가 되었다. 여학교도 같은 아동리에 한옥 교사를 마련했다. 처음에는 '매일학교'로 시작했으나, 이후 정명여학교(貞明女學校)가 되었다.

1918년 9월 유한익 목사가 담임 목사로 오면서 춘천교회는 설립 이래 처음으로 한국인 단독 목회시대를 열렸다. 춘천중앙교회와 함께 봉의산 기슭을 지켰던 선교부 병원과 학교, 유치원과 여자관은 지역사회와 주민을 위해 다양한 봉사활동을 전개했다. 이처럼 춘천중앙교회는 춘천과 강원도 지역사회에서 단순한 종교 기관으로 그치지 않고 지역사회를 이끄는 선도 기관으로 자리하게 되었다.

해방 이후 1950년의 한국 전쟁으로 교회 건물이 많이 훼손되었지만, 1955년에 미국 선교부의 지원으로 교회를 재건했다. 오랜 세월이 흘러 2001년 교회 창립 100주년 기념 예배당을 신축해 새로운 장소로 옮겨 입당했고, 2007년에는 《춘천 중앙교회사》를 발간했다.

출처:한국민족문화대백과사전

철원제일교회

등록문화재 제23호 · **주소** 강원도 철원군 철원읍 금강산로 319(관전리 100-2) ·
전화번호 033-455-5294

철원제일교회(철원읍교회)는 철원 지역에서 북한 쪽으로 깊숙히 인접한 지금의 노동당사 근처 400m 지점에 처음 설립된 교회로 한국선교 초기의 역사와 이후 일제와 한국전쟁을 비롯한 한국 근현대사의 상흔을 고스란히 담고 있는 유적이요 목격자요 간증자이다. 기독교의 전도 책자를 팔면서 복음을 전하던 매서인들의 전도로 교인이 생겨나면서 1900년에 설립되었다. 이 철원읍교회는 초기에 장로회 선교사 아더 웰번(Auther G. Welbon, 오월번)이 돌보면서 시작되었다. 하지만, 제한된 선교 인력으로 한반도 전역을 보다 효율적으로 전도하기 위해 생긴 선교지 분할정책에 따라 1907년에 철원지역은 감리회 선교지역으로 구분되고 감리교로 편입되었다. 자연스레 교회 소속도 장로교에서 감리교로 바뀌게 되었다.

기독교유적

1920년 철원읍교회는 철원지역 최초의 붉은 벽돌 예배당을 세웠다. 얼마 지나지 않아 교회가 부흥하자 이화여대 캠퍼스를 설계한 윌리암 보리스(William M. Vories)가 설계를 맡아 1937년에 예배당을 다시 지었다.

철원제일교회는 3·1운동을 비롯한 독립운동과 민족운동에도 앞장을 섰다. 1919년 3·1만세운동 때 이곳에서 강원도 내에서 최초로 독립운동이 일어났다. 해방 이후에 북한이 점령하게 된 수복지구 기간에도 기독교청년운동을 중심으로 어렵게 비밀리에 반공운동을 벌였다. 1950년 한국전쟁이 일어나자 북한군이 교회를 점령해 막사와 병원으로 이용하면서 교회가 미군에 의해 폭격을 당하기도 했다. 그 때 폭격으로 인해 생긴 앙상한 몰골은 그때 역사를 묵묵히 증언하고 있다.

오랜 시간이 흘러 2006년 감리교 총회는 교회 복원을 결의하고, 2013년 복원공사를 마무리했다. 복원한 교회 1층은 역사자료실과 세미나실로, 2층은 예배당으로 사용하고 있다.

철원읍교회 출신으로는 신사참배 반대로 순교한 강종근 목사, 철원애국단을 조직한 조종대 등이 있다.

철원제일교회 옛터

신사참배 반대로 고문을 받고 순교한 강종근 목사(1901-1942)

강종근 목사는 평안남도 강서군에서 태어나 1910년 부모의 신앙을 따라 예수를 믿기 시작했다. 1925년 배재학교, 1928년 감리교 협성신학교(현 감리교신학대학교)를 졸업하고 1939년 목사 안수를 받고, 철원제일교회를 담임하였다. 일제강점기 당시 일본에 대한 저항수단으로 목사들이 주로 사용한 출애굽기에 기초해 설교를 하기도 했다. 강종근 목사 역시 애국심과 독립에 관한 내용을 많이 다루었고, 결과적으로 일본 경찰의 감시 대상이 되었다. 그러다가 1940년 철원제일교회에서 시무하던 중 애국적 설교와 신사참배를 거부한 명목으로 구속당해 수감되었다. 이때 받은 심한 고문 때문에 병에 걸려 "마음이 기쁘다"는 마지막 말을 남기고, 조국의 광복을 보지 못하고 1942년 6월 3일 순교하였다.

철원애국단, 조종대(1873-1922)

철원교회 시작과 3.1만세운동의 중심에 서서

조종대는 1873년 1월 20일 황해도 김천군에서 5형제의 막내로 출생하였다. 어려서 한학을 수업한 후 서울에 올라가 한의학을 공부하고 한약종상을 경영하였다. 한의사 나병규의 권고로 상동교회 내 애국지사들이 모이는 모임에 참석하여 전덕기, 이상재, 남궁억 등과 교제를 하고 시대에 대한 인식을 깊게 하기 시작했다.

이후 철원으로 내려온 조종대는 한약방을 경영하면서 철원지역 전도자로 온 이화춘 전도사와 함께 자신의 약방 마루방에서 예배를 시작했는데, 이것이 철원교회의 시작이었다. 철원교회는 장로교와 감리교의 선  교지 분할 때 남감리교 지역으로 편입되어 1909년에 이화춘 전도사를 최초로 이곳에 파송했다. 철원교회는 1914년에 배영학교 자리에 철원감리 예배당을 신축하고 영동야간학교를 설립하였다. 교육을 통한 민족의식 고취와 계몽을 강조하던 조종대는 3·1 운동 당시 서문거리의 전도회와 더불어 시위운동을 주도하며 철원읍 만세운동을 추진하는 데 큰 역할을 하였다.

교육입국의 뜻을 갖고

그에게 영향을 준 전덕기와 남궁억과 같이 교육사업에 뜻을 둔 그는 신앙적인 애국 운동의 하나로 1908년 철원에 봉명의숙을 세워 교장으로 활동했다. 그리고 김철회와 함께 철원 근교에 배영학교를 설립하여 자신이 뜻을 같이하는 이승만, 서재필, 이상재, 남궁억, 전덕기 등의 민족사상을 교수하였다. 그러나 배영학교는 애국 사상을 고취하다가 일제로부터 불온하다 지적을 받고 폐쇄를 당했다. 이후 남감리회 선교사 크램(Willard G. Cram, 기의남)의 후원으로 조종대는 매서인이 되어 황해도 김천 일대까지 순회하며 전도사업에 힘썼다.

일본에 대한 실질적인 저항방법을 찾아

조종대는 항일운동의 방법으로 조선인 관리들이 그 직에서 물러나 조선총독부의 운영에 지장을 초래하려는 계획을 세우고 '조선인 관리 퇴직동맹'을 추진했다. 그리고 이에 필요한 재정자금을 모집하던 중 1919년 8월 21일 배영학교 시절부터 같이 활동했던 대한독립애국단 강원도단의 서무국장 강대려로부터 대한독립애국단의 설치 사정을 접하고 이 단체에 가입해 강원도 각 군에 군단을 설치하는 책임을 맡았다.

대한독립애국단은 1919년 4월 신현구가 3·1 운동의 열망을 지속적인 독립운동으로 이어가기 위해 조직한 전국 규모의 조직이었다. 대한민국 임시정부 지원단체로 임시정부의 선전과 재정자금의 조달, 국내 조직망을 통한 임시정부 연통부의 역할을 수행하고 있었다. 이런 대한독립애국단의 지단 가운데 조직과 활동면에서 규모가 가장 크고 활발했던 것이 바로 강원도단이었다. 그리고 철원군단에 참가한 인사들은 대부분 철원(남감리)교회 교인들로 철원에서 사립학교를 세우거나 교원으로 활동하며 항일의식으로 가득 차 있던 사람들이었다. 조종대를 비롯한 이들은 3·1 운동을 경험하면서 독립운동의 조직화에 대한 필요성을 절감하고 이러한 상황에서 대한민국 임시정부를 지원하는 대한독립애국단의 소식을 접하면서 철원군단을 결성하였다. 조종대는 평소 강원도 전역의 기독교 인사들과 지면이 넓은 것을 활용하여 원주, 횡성, 강릉, 양양, 금화, 평창, 평해, 삼척 등지를 순회하며 동단의 조직확대를 위해 힘을 쏟았고, 그 결과 강원도에는 강릉군단, 양양군단, 평창군단 등이 설치되었다.

마지막까지 신앙적 옥중 투쟁을 벌인 조종대

하지만 결국 이 운동으로 인해 일본경찰에게 체포된 그는 서울로 이송되어 5년의 실형을 선고 받았다. 그리고 이후 함흥으로 이감되어 옥고를 치르다가 1922년 7월 25일 옥사하였다. 그는 옥중에서도 주일 노역을 거부하고, 연초생산 작업을 거부하는 등의 신앙적인 투쟁을 벌였다. 옥사 당한 조종대의 시신을 김철회가 비밀리에 인수해 안장했다. 그 같은 친구를 가졌다는 것이 조종대의 행복이었다. 김철회는 조종대와 함께 애국단에서 활동하다 체포되어 3년 형을 선고받고 복역한 인물이었다. 김철회는 만기 출옥하여 조종대의 시체를 비밀리에 인수하고 안장하였다가 다시 체포되어 모진 고문을 받았다.

조종대는 두 딸을 두었는데 맏딸 조숙경은 1919년 만세운동 당시에 호수돈여자고등보통학교 재학생으로서 만세시위에 가담해 크게 활약하여 옥고를 치르기도 했다. 1963년 3월 1일 대한민국 정부는 조종대에게 건국공로표창장을 추서하였고, 그의 묘소를 국군묘지 독립유공자 묘지에 모셨다.

강원도 영서북부

홍천 남궁억기념관

주소 강원도 홍천군 서면 한서로 677(모곡 2리 386) · **전화번호** 033-434-1069
개관시간 매일 9:00-18:00

교육입국과 신앙구국을 외친 민족지도자, 남궁억. 남궁억기념관은 옛 모곡교회와 모곡학교 터에 2004년 개관하였다. 독립운동가, 언론인, 교육가로 활동한 남궁억은 1918년 강원도 홍천 모곡리로 낙향한 뒤 교회와 학교를 지어 농촌계몽과 복음전파, 그리고 독립운동에 여생을 바쳤다.

기념관 옆에는 일제에 의해 강제 폐쇄되었던 모곡교회 예배당을 복원해 놓았다. 기념관 마당에는 80여 종의 무궁화를 심어 놓은 '무궁화동산'이 있다.

기독교유적

남궁억에 대한 연구의 출발점인 남궁억기념관에는 남궁억 선생의 약력 및 업적을 소개하는 자료와 저서, 그리고 그가 직접 쓴 붓글씨와 직접 지은 노래가 전시되어 있다. 지금도 그의 나라사랑과 민족사랑의 뜨거운 기운을 느낄 수 있게 해 준다.

전시 자료 중《신편 언문체법》은 1914년 12월 7일에 발간한 22쪽의 한글 서도(書道, 글씨를 쓰는 방법) 교과서이다. 남궁억 선생은 배화학당의 교사로 있을 때 한글 궁체를 처음에는 과외로 희망하는 학생들에게 지도하다 버타 스미스(Bertha A. Smith) 교장의 호의와 원조를 받아《신편 언문체법》발간해 정식으로 서도 시간을 교과목 안에 넣었다. 그러나 일제의 무단 정치로 한글 서도 교과서를 사용하지 못하고 지하실 석탄고에 감추어 둘 수밖에 없었다. 그 후 비밀리에 유포되어 오늘날 한글 서도의 본보기가 되었다. 흥미로운 사실은 한글공부를 따라 하게 만든 이 책의 내용이 마태복음의 8복 같은 성경구절이라는 점이다.

남궁억은 1910년 한일병탄이 되던 해 11월에 배화학당 교사로 초빙되어 8년간 재직하면서 영문법, 서예, 가정교육 등을 가르쳤다. 특히 1914년에는《가정교육》을 편찬해 교재로 사용했다. 이 책은 영문서적을 번역, 참작하여 근대적 육아법과 영양학 등을 기록하였는데, 여성들에게 올바른 가정교육의 지침을 제공하고 여성을 공동체의 주체로 교육시키고자 하였다. 100페이지의 한식 제본으로 1914년 11월 15일 유일서관에서 발행되었다.

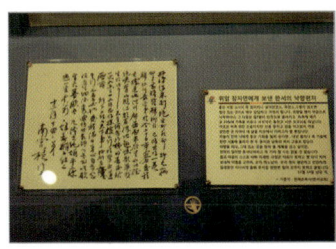

한서 남궁억 묘역과 유리봉

강원도기념물 77호 · **주소** 강원도 홍천군 서면 모곡리 산94-4

남궁억기념관에서 걸어 갈 수 있는 거리에 위치한 한서초등학교 뒷산에 남궁억 묘역이 조성되어 있다. '한서 남궁억 선생 묘역 정화 기념비' 오른쪽으로 난 길을 따라 300여 개의 계단을 오르면 남궁억 선생이 매일 기도를 드린 유리봉 정상에 이른다. 계단을 오르면서 남궁억이 지은 노래가사를 읊조려 보는 것도 좋다. 이곳에는 2000년 마을 주민들이 건립한 기도하는 모습의 남궁억 동상이 있다. '한서 남궁억 선생 국권회복 기도지'라고 쓰인 기념비에는 다음과 같은 기도문이 적혀 있다.
"이 민족의 죄를 용서해 주시고 저 불의한 일본의 압박을 물리쳐 주셔서 독립국가로서 동양의 지상낙원을 이루게 하여 주시옵소서"

기독교유적

'삼천리 반도 금수강산'의 노랫말 이야기

남궁억 선생은 일본에 대한 울분과 비애를 풀 길이 없어 깊은 산속에 들어와 은거 생활을 하면서도 일손을 놓을 생각은 없었다. 산수의 아름다움과 창밖에서 뛰노는 아이들의 꾸밈없는 천진스러운 웃음소리와 노래를 들을 때면 남궁억 선생은 사랑스러운 저들의 앞날에도 암흑의 세계가 있을 것인가라는 회의에서 마음에 미안함과 부끄러운 책임감을 뜨겁게 느꼈다. 선생은 누웠던 자리에 일어서 두 무릎을 꿇고 조용히 기도를 올렸다.

"주여, 이 나이 환갑이 넘은 기물(棄物, 쓸데 없어 버린 물건)이오나 이 민족을 위해 바치오니 받으시고 아무리 혹독한 왜정 치하에 있을지라도 젊어서 가졌던 애국심을 변절하지 않고 육으로 영으로 감당할 수 있는 힘을 주옵소서."

이런 생각과 기도와 함께 그 밤에(1922년) 붓을 들어 쓴 노래가 찬송가 580장이다.

"삼천리 반도 금수강산 하나님 주신 강산..."

남궁억은 생각하면 할수록, 이 강산에 할 일이 태산 같고 일꾼이 없음을 한탄하였다. 비록 산중에 묻힌 바 되었으나 하나, 둘의 꾼이라도 길러 놓겠다는 결심으로 학교를 시작한 것이 모곡학교였다.

출처: 《한서 남궁억의 생애》

주변 유적지

무궁화공원
강원도 홍천군 홍천읍 장전평로 18(연봉리 363-3)

남궁억의 동상과 시비를 비롯해 군민헌장기념비, 충혼탑, 3·1만세탑, 6·25전쟁 당시 전적을 기린 홍천지구전투 전적비, 국회 부의장을 지낸 동은 이재학기념비, 반공희생자위령탑 등이 있다.

남궁억 (1863 - 1939)

민족 운동에 눈 뜬 영어 통역관

한서 남궁억은 1863년 서울 정동에서 중추부사를 지낸 남궁영의 독자로 태어났다. 그는 부친을 일찍 여의고 홀어머니 밑에서 자랐다. 1874년 한문사숙에 입학해 9년 동안 수학했으며, 16세가 되던 해에 남원 양씨와 결혼하였다. 1883년 영어를 가르치는 신식학교인 통역관양성소인 동문학에 입학하였다.

남궁억은 1886년 내부 주사로 임명되어 어전 통역을 담당하였는데, 이것이 관직생활의 첫 출발이었다. 그는 1889년 1월 궁내부의 별군직에 임명되어 4년간 고종 임금을 섬겼으며 1893년에는 경상북도 칠곡부사로 임명되어 지방아전들의 부정부패를 뿌리 뽑는 데 힘썼다.

1895년 일본 낭인들이 주축이 되어 명성황후 시해사건이 발생하자 남궁억은 덕수궁 대한문 앞에 엎드려 통곡하며 일본인들의 만행을 규탄하였다. 이후 곧 관직을 사임하고, 서재필이 간행하던 〈독립신문〉 영문판 편집에 종사하였다. 1898년 독립협회는 만민공동회를 개최하여 외세의 침략간섭정책을 배격하고 러시아의 세력을 요동반도로 후퇴시키는 한편, 자주민권 자강운동을 전개하여 큰 성과를 거두었으며, 마침내 중추원(中樞院)을 개편해 한국 역사상 최초의 의회를 개설하여 전제군주제를 입헌대의군주제로 개혁하기에 이르렀다. 그러나 러시아와 친한 수구파들이 독립협회의 의회설립운동이 광무황제를 폐위시키고 공화제를 수립하려는 운동이라고 모략함으로써 이상재와 남궁억을 비롯한 독립협회 지도자 17명이 1898년 11월 체포되기에 이르렀다. 서울 시민들은 자발적으로 만민공동회를 개최하여 남궁억을 비롯한 지도자들의 석방을 요구하였다. 남궁억과 독립협회 지도자들은 정부 대신들의 건의로 풀려 나왔으나, 1898년 12월 친러수구파의 탄압때문에 독립협회는 강제로 해산을 당하였다. 참으로 숨 가쁜 역사 현장의 전면에서 남궁억은 젊은 시절을 보냈다.

언론을 통한 애국계몽운동

1898년 9월 5일 서른다섯의 나이에 이른 남궁억은 나수연, 유근과 함께 〈황성신문〉을 창간하고 사장에 취임해 국민을 계몽하고 독립협회의 활동을 적극적으로 지원하였다. 1900년

7월 30일에는 러시아가 일본에 한국을 분할 점령하자고 제의하였던 내용이 일본 신문 〈대판신보〉에 보도되자, 남궁억은 이를 〈황성신문〉에 옮겨 실어 러시아와 일본의 한국 침략 야욕을 폭로하고, 이를 경계하는 논평을 실어 국민의 경각심을 촉구하였다가 경무청에 20일간 구금되었다.

남궁억은 1906년 2월 강원도 양양군수로 임명된 후, 양양 군청 뒷산에 현산학교를 세워 청년들에게 구국 교육을 하였다. 그뿐만 아니라 군수로 있던 시절 일본 세력을 등에 업고, 못된 짓을 일삼던 한국인 협잡배들을 일본인들이 보는 앞에서 30대씩의 태형을 가했다. 남궁억은 1907년 일제의 침략 야욕이 강화되자 관직을 사임하고 상경하였다.

1907년 11월 풍전등화처럼 위태로워진 국운과 난국을 수습하고자 남궁억은 권동진, 오세창, 윤효정, 장지연, 정운복과 함께 대한협회를 창립한 후 평의원으로 활동하다가 1908년 2월에 회장으로 추대되어 애국계몽운동에 헌신하였다. 대한협회는 1906년 3월에 설치되어 1907년 8월에 해산된 대한자강회의 후신으로 기본강령으로 교육의 보급, 산업의 개발, 생명재산의 보호, 행정제도의 개선, 관민폐습의 교정, 근면저축의 실행, 권리의무 책임의 복종의 사상을 고취한다는 7개 조를 내세웠다. 그리고 〈대한협회월보〉와 〈대한민보〉를 발간하여 계몽운동에 노력했다.

배화학당에서부터 모곡학교까지

남궁억의 삶의 큰 궤적 중의 하나는 사회운동과 교육이었다. 1910년 나라가 일본에 병탄되자 교육을 통해 신세대들에게 민족의식과 독립사상을 각성시켜야 한다고 생각하고 새 세대 교육에 직접 뛰어들었다. 그는 11월 배화학당의 교사가 되어 영어와 붓글씨, 역사, 가정교육, 국문법을 가르치는 한편 야간에는 상동교회 안에 있는 청년학원 원장을 겸하면서 독립사상을 고취시키고, 역사서를 보급하고, 한글 서체를 창안하고 보급하는 데 매진하였다. 특히 배화학교에서 학생들에게 창가라고 하는 애국가사를 보급하였고, 삼천리 금수강산을 상징한 무궁화 수본을 고안하여 여학생들에게 수놓게 함으로써 민족의식 고취에 큰 영향을 끼쳤다.

남궁억은 건강이 쇠약해지면서 친지들의 권유로 1918년 학교를 사임하고 선대의 고향인 강원도 홍천군 서면 모곡리, 일명 보리울로 낙향하였다. 그는 58세라는 늦은 나이에 종교 교회에서 입교세례를 받았다. 기독교를 받아들인 후 남궁억은 더욱 힘차게 독립운동을 전개해 나갔다.

남궁억은 1918년 12월 보리울(모곡)로 낙향할 때의 자신의 심정을 '기러기 노래'라는 시로 표현하였다.

기러기 노래

원산(遠山) 석양 넘어가고 찬이슬 올 때 / 구름사이 호젓한 짝을 잃고 멀리가
벽공(碧空, 짙고 푸른 하늘)에 높이 한 소리 처량 / 저 포수의 뭇 총대는 너를 둘러 겨냥해

산남산북(山南山北) 네 집 어디 그 정처 없나 / 명사십리 강변인가 청초 욱은 호수인가
너 종일 훨훨 애써서 찾되 / 네 눈 앞에 태산준령 희미한 길 만 리라

곳간 없이 나는 새도 기를 자 넌가 / 하늘 위에 한 분 계셔 네 길 인도하신다
너 낙심 말고 목적지 가라 / 엄동 후는 양춘(陽春)이요 고생 후는 낙이라

만리 장천(長天) 먼 지방에 뭇 고난 지나 / 난일화풍(暖日和風) 편한 곳에 기쁜 생활 끝없다
여기서 먹고 저기서 자며 / 여러 동무 같이 앉아 갈대 속에 집 좋다

평생을 구국과 민족의 계몽, 나라의 독립을 위해 달려온 남궁억 선생은 1918년 12월 서울 생활을 접고 보리울로 낙향하게 되었다. 심신이 지쳤고, 무엇인가 새로운 출발이 필요하다고 생각해서였다. 이 기러기 노래는 바로 그가 낙향하면서 지은 것이다. 암담하지만, 새로운 희망을 노래한 그의 심경을 잘 보여주고 있다.

1절과 2절에는 이전의 모든 것을 내려놓고 시골로 내려온 남궁억 자신의 모습이 그려져 있다. 낙향으로 남궁억은 또 한편 산중 시골에서 새로운 삶을 경험하게 될 것이었다. 마태복음 6장 26절의 말씀처럼 하늘을 헤매는 것 같은 기러기도 하늘 위 한 분의 인도하심을 받는 것처럼, 3절과 4절에서 나타난 선생의 신앙고백은 그의 인생 마지막 단계에서 펼치게 될 놀라운 일들을 이끌어 낸 희망의 메시지였다.

남궁억은 1919년 9월 보리울에 교회를 세우는 한편 모곡학교를 세워 농촌의 청소년 교육에 주력하였다. 교육비는 무료였고 학생들에게 독립정신을 심어주기 위해 학교 안에 무궁화 묘목을 심어 전국 기독교계 학교에 보급하여 무궁화 사랑 운동을 전국적으로 전개하였다. 이때부터 쏟아져 나온 '무궁화 예찬시'를 비롯해 그가 작사한 100여 곡이 넘는 노래는 한민족을 위로하고 희망을 던져주었다. 특히 그가 만든 "모곡학교가"에는 다른 어떤 노래보다 깊은 기독교 신앙 고백이 구구절절 흐르고 있다.

동막산과 강구비 앞뒤 둘렀고 / 모곡구역 모곡리는 우리 집이라
세상 영화 누릴 자는 우리들이며 / 그 가운데 뜻 부칠 손 주일[모곡]학교라
……
주 예수 흘린 피로 죄 씻음 받고 / 영생 소망 그네줄로 기쁨을 삼아
싸워 이겨 저 언덕에 노래 부를 때 / 퍼지리라 온 세상 하나님 나라

사돈 윤치호가 일제에 협력하고 작위를 받으면서 마음 졸이고 살 때, 남궁억은 가난하고 힘들지만 호연지기와 배포를 가지고 민족계몽과 애국 운동을 그 시골벽지에서 전개하였다.
일제의 감시에도 불구하고 저작에도 힘을 써 《교육월보》와 《가정교육》을 간행해 배재학당에서 가르쳤으며, 역사에 남다른 관심을 가지고 《동사략》과 전 5권으로 된 《조선이야기》를 저술하였다. 그는 1925년 3월 모곡학교를 6년제 사립학교로 인가받아 유지들로부터 기부금을 얻는 한편 건물을 증축하고 역량있는 교사를 채용하여 내실을 기하였다.
남궁억이 그토록 애정을 갖고 키워 왔던 모곡학교는 일제의 탄압으로 결국 문을 닫아야 했다. 그러나 광복 이후 남궁억의 문하생들에 의해 한서 초등학교와 한서 중학교가 재건되어 그 정신이 계승되어 오늘에 이르고 있다.

무궁화 보급을 통한 나라사랑

1923년 남궁억은 무궁화 노래시를 지어 무궁화 사랑과 애국심을 높이는 데 큰 역할을 하였다. 아침에 영롱하게 피어오르는 무궁화의 꽃망울 속에서 기독교가 가지고 있는 생명과 부활을 본 남궁억은 보리울에서 무궁화 묘목을 심어 전국교회와 기관에 자신이 지은 "삼천리 반도 금수강산"의 찬송과 함께 30만 주를 보급하면서 부활과 희망을 노래했다.
이 무궁화의 소중함과 가치를 알고 있는 일본 경찰은 남궁억의 삶과 신앙을 뿌리째 뽑으려고 공부하고 있는 학동들까지 동원해서 무궁화 묘목 7만 주를 뽑아 불태워버렸다. 일본의 교회억압과 말살정책은 지도자들의 박해와 순교에서만 끝나지 않았다.
남궁억은 이 무렵 보리울에 조국광복기원 제단을 쌓고 그곳에서 조국의 광복을 기도하였으며 서울에 갈 때는 일제가 부설한 철도나 일인이 운영하는 버스를 타지 않고 수 백 리 길을 걸어가는 투철한 항일의식을 몸소 보이기도 하였다.
이처럼 말년에도 청소년 교육 및 무궁화와 애국가사 보급운동 등 애국계몽운동에 매진하던 선생은 만 70세가 되던 해 일찍이 학생들에게 "무궁화 동산"이라는 노래를 가르쳤다는 이유로 1933년 11월 일제에 의해 소위 십자가당 사건에 연루되어 일경에 체포되었다. 1935년 2월에 1년 형이 확정되었지만, 집행유예로 풀려 날 때까지 1년 3개월 동안 서대문형무소에서 옥고를 치뤘다. 잔인한 일제는 나이가 70이 넘었다고 해서 애국지사들을 절대 봐주지 않았다.
출옥 후 옥중 후유증으로 병고에 시달리던 남궁억은 "내가 죽거든 무덤을 만들지 말고 과일나무 밑에 묻어서 거름이나 되게 하라."는 마지막 유언을 남기고 조국광복을 보지 못한 채 1939년 4월 5일 77세로 서거하였다.
정부에서는 그의 공훈을 기리어 1977년에 건국훈장 독립장을 추서하였다.

강원도 영서북부

춘천 세종호텔

주소 강원도 춘천시 봉의산길 31(봉의동 15-3) · **전화번호** 033-252-1191 · **홈페이지** www.chunchonsejong.co.kr

일제 강점기에 지어진 일제의 억압적인 종교적 상징인 국폐신사급의 강원신사 본전이 있던 터에 세워진 호텔. 아직까지 이곳엔 신사의 출입문과 계단, 참배하기 전 손을 씻었던 수수사(手水舍: 신사참배 전 손을 씻는 수도 시설) 등이 남아 있는데, 이는 일제의 만행을 알리는 역사 유적으로 큰 의미가 있다. 지금은 호텔로 사용되고 있어서 숙박과 식사가 가능하다.

신사란?

신사(神社)는 일본의 고유 민족 신앙인 '신도'(神道)의 신에게 제사를 지내는 사당이다. 일본은 메이지 시기에 확립된 국가신도를 통해 강력한 중앙집권적 국민국가를 형성하려고 노력했고, 이러한 국가신도 체제는 식민지 조선에도 이식되었다. 신사는 사격(社格)에 따라 관폐대사, 국폐대사, 관폐중사, 국폐중사, 관폐소사, 국폐소사, 별격관폐사로 나눠지며 여기에 속하지 않는 것은 제사(諸社)로 분류되었다. 또한 신사(神社)의 사격에 미치지 못한 것은 신사(神祠)로 불렸다.

관폐대사 조선 신궁

일제는 특히 내선일체(內鮮一體: 일본과 조선이 한 몸이라는 뜻)를 강조하고 황국신민화를 달성하기 위한 식민지 지배정책 중 하나로 개항장을 비롯해 조선 전역의 주요 도시에 신사를 세웠다.

조선총독부는 1915년 총독부령 제82호로 「신사사원규칙」을 공포하고 조선 내에 신사를 본격적으로 건립하기 시작했다. 1936년에는 「개정신사규칙」을 공포했는데, '1면 1신사주의'에 따라 산간벽지에 이르기까지 신사를 세우게 하고 신사참배를 강요하기 시작했다. 우리가 익숙하게 알고 있는 주기철 목사나 손양원 목사의 순교도 이러한 일제의 신사에 대한 참배 강요와 깊이 연결되어 있다.

이렇게 하여 식민지 조선에 지어진 신사는 1945년 일본 패망 직전까지 관폐대사 2개, 국폐소사 8개, 호국신사 2개, 기타 신사(神社) 70개, 신사(神祠) 총 1,062사에 이르렀다.

신사들은 대부분 조망이 탁 트인 구릉지에 자리했다. 이 곳에 안치된 일본의 황조신인 아마테라스 오미카미(天照大神)와 기타 신들이 피식민지인인 조선인들을 시각적으로 지배하는 종교적 통제 및 감시 체계를 상징적으로 나타내기 위해서였다. 1945년 광복과 더불어 한반도 각지의 신사는 모두 불타거나 파괴되었다. 이곳에 남아 있는 강원신사가 역설적으로 아픈 역사를 가르쳐주는 현장으로 자리하고 있다.

춘천대첩 기념평화공원

주소 강원도 춘천시 근화동 8-6

20세기 가장 중요한 이슈였던 일제와 분단의 역사적 현장이 인접해 자리한 춘천. 춘천대첩기념평화공원은 한국전쟁에서 월남전까지 이어진 우리의 아픈 역사와 자유에 대한 투쟁을 잘 보여주는 곳이다. 이 공원은 소양대교 근처에 있는 공원으로 공지천 입구에서 외곽도로를 따라 1km 정도 들어간 곳에 자리하고 있다. 6·25전쟁 당시 국군이 춘천지구전투에서 승리한 것을 기념해 조성하였다.

춘천대첩은 6·25전쟁이 시작된 뒤 국군이 처음으로 승리한 전투로 의미가 크다. 국군 6사단을 중심으로 애국시민, 학생, 경찰이 하나가 되어 전차를 앞세우고 기습적으로 남침하는 북한군 6,600여 명을 사살하고 전차 18대를 완파하는 등 파죽지세의 적 부대를 3일간 지연시켰다. 이로서 수원방면으로 진출해 국군 주력부대를 포위하려던 북한군의 남침계획을 무산시켰다. 이에 따라 한강 방어선을 형성하고 UN군의 증원시간 확보와 낙동강 방어선 구축을 가능케 하여, 한국전쟁 역사에 대표적인 전적지로 자리매김을 했다. 춘천대첩은 절망적인 상황에서 우리나라를 지켜낸 짧았지만 강력한 보루였다.

역사 문화 유적

평화공원에는 춘천대첩 기념 조형물 및 무공탑, 6·25 참전 학도병 기념탑이 건립되어 있다. 이곳의 조형물과 각종 전적기념물들은 어린이들에게 전쟁의 참혹함을 알려 주고, 6·25전쟁 당시의 상황을 설명해 줄 수 있는 소중한 학습자료 역할을 한다.

무공탑은 6·25한국전쟁 및 월남전에 참전한 무공수훈자들의 애국애족 정신을 계승하고, 시민들에게 국가 안보의 중요성을 고취시키기 위해 2003년 10월 2일 무공수훈자회 강원도지부 회원들과 춘천시민들의 정성어린 성금으로 건립되었다.

6·25 참전 학도병 기념탑은 춘천대첩 당시 전투를 이끌었던 국군 제6사단과 지원부대인 제16야전 포병대대를 도와 교복도 벗지 못하고 교가가 아닌 군가를 부르며 나라를 위해 희생한 젊은 영혼을 위로하기 위한 기념비이다.

월남전 참전 기념탑은 1964년 7월 18일부터 1973년 3월 23일까지 월남전쟁에 참전해 헌신한 춘천시 참전유공자 1천 760여 명의 명예를 선양하고자 건립되었다.

당시 국군 주요 지휘관과 병사들은 춘천으로 집결해 화천군 간동면 오음리에서 한 달간 전투훈련을 받았다. 훈련을 마친 참전용사들은 다시 춘천역에서 시민들의 환송을 받으며 열차에 몸을 싣고 부산항 제3부두를 거쳐 머나먼 월남 땅에서 적과 싸웠다. 월남전쟁에 참여한 8년 8개월간 32만여 명이 춘천역을 거쳐 전쟁터에 뛰어들었다.

무공탑

6.25참전학도병기념탑

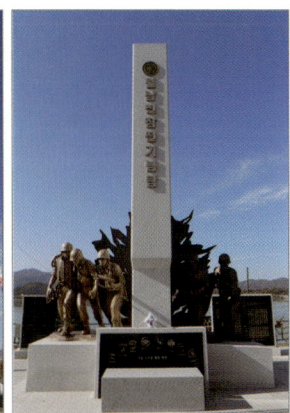

월남전 참전 기념탑

강원도 영서북부

화천 평화의 댐

주소 강원도 화천군 화천읍 평화로 3481-18 평화의 댐 물문화관 · **전화번호** 033-480-1512 · **관람시간**(평화의 댐 물문학관) 10:00-17:00, **휴관일** 월요일

남과 북이 하나라는 사실을 물과 댐으로 보여주는 상징 공간인 평화의 댐. 평화의 댐은 길이 601m, 높이 125m의 국내에서 가장 높은 댐으로, 소양감댐, 충주댐에 이어 26억 3000만m^2의 용량을 저장할 수 있는 국내 세 번째 규모의 댐이다.

1986년 10월 북한이 북한강 상류에 임남댐(금강산댐) 건설 계획을 발표하자 남한 정부는 북한 임남댐의 갑작스런 대량 방류에 대비하기 위한 평화의 댐 건설 계획을 착수해 1989년 12월에 1단계 공사를 준공하였다. 당시 전국적으로 평화의 댐 국민 모금운동을 전개해 성금 639억 원이 모였다. 이후 평화의 댐 1단계 공사 비용으로 총 1,506억 원이 소요되었다.

평화의 댐은 집중호우가 발생하였을 때마다 홍수조절 기능으로 국민의 생명과 재산을 보호하였다. 2002년 북한의 임남댐 상층부에 균열이 발견되어 붕괴 위험이 제기됨에 따라 같은 해 9월부터 2단계 공사를 시작하여 2006년 6월에 준공하였다. 이후, 기후변화에 따른 홍수조절기능을 보강한 3단계 공사를 2012년부터 2017년까지 진행했다.

평화의 댐은 임남댐의 붕괴 위협으로부터 국민을 보호하는 파수꾼의 역할을 충실히 수행하고 있으며, 저수량의 조율 등으로 인한 실질적인 댐의 역할과 함께 DMZ 평화·안보·생태·보존을 위한 가치도 지니고 있다.

평화의 댐 주변에는 평화의 댐의 역사를 살펴볼 수 있는 물문학관을 비롯해 세계평화의 종 공원, 비목공원, 국제평화아트파크, 평화누리마당 등의 휴식처가 있다. 460번 지방도로가 지나가는 평화의 댐 상부에서부터 평화누리마당이 있는 댐 하부에까지 평화의길(Peace Road)이 조성되어 있다. 이곳은 분단된 지금의 한반도 상황에서 조용히, 하지만 강렬하게 통일을 꿈꾸고 있다.

평화의 댐 안내 지도

① 평화의 댐
② 세계평화의 종
③ 비목공원
④ 평화의 댐 물문화관
⑤ 피스카이워크
⑥ 세계평화의 종공원, 벨파크
⑦ 염원의 종 / 댐하류 전망대
⑧ 국제평화아트파크
⑨ 평화누리마당

세계평화의 종

세계평화의 종은 세계 각국의 분쟁 지역에서 수집한 탄피들을 모아 만든 종으로 평화, 생명, 기원의 의미를 담고 있다. 지름 2.76m, 높이 4.67m의 신라범종 형태로 2008년 10월에 만들어졌다. 37.5톤(1만관)으로 만들어진 세계평화의 종은 남북통일의 염원을 담고자 1만관 중 1관을 분리한 9,999관으로 주조되었고, 통일의 날에 부착하려고 만든 종 윗부분의 비둘기 날개 1관(3.7kg)이 별도로 전시되어 있다.

세계평화의 종 우편에는 러시아의 고르바초프, 티베트의 달라이 라마 등 노벨평화상을 수상한 12명이 보내온 메시지와 프린트가 각인된 명판이 비치되어 있다. 또 30여 나라로부터 기증받은 탄피와 한국전쟁 전사자 유해발굴 지역에서 출토된 탄피가 전시되어 있다. 관광안내소에 문의하면 타종 체험을 경험할 수 있다.

비목공원

비목공원은 우리나라의 대표적 가곡인 '비목'을 기념하기 위해 1955년에 조성되었다.

가곡 비목의 유래와 관련해 매우 흥미로운 이야기가 전해져 온다. 1960년대 중반 평화의 댐에서 북쪽으로 12km 떨어진 백암산 계곡 비무장지대에 배속된 한명희라는 청년장교가 잡초가 우거진 곳에서 한국전쟁 때 전사한 무명용사의 녹슨 철모와 돌무덤을 발견하고 돌무덤의 주인이 전쟁 당시 자기 또래의 젊은이였을 것이라는 생각에 〈비목〉의 노랫말을 지었고, 그 후 장일남이 곡을 붙여 비목이라는 가곡이 탄생하였다.

1996년부터 매년 호국 보훈의 달인 6월에 한국전쟁 당시 나라를 위해 순국한 선열들을 추모하기 위하여 비목문화재를 개최하고 있다.

평화의 댐 물문화관

평화의 댐 물문화관에서는 세 차례에 걸쳐 진행된 평화의 댐의 설립 배경에서부터 설립 과정, 임남댐 및 수자원에 대한 종합적인 정보 등을 재미있는 볼거리와 홍보 영상물로 제공하고 있다. 전시는 '평화를 지키는 땅', 그리고 '남북의 평화를 잇는 평화의 댐'에 대한 이야기로 구성되어 있다.

노벨 평화의 종

노벨 평화의 종은 2009년 5월 세계평화의 종 준공식에 참석하였던 노르웨이 욘 요네스(John Y. Jones) 목사가 노벨상 발상지인 노르웨이를 포함해 스웨덴, 대한민국에 제2의 평화의 종을 설치하자고 제안하면서 시작되었다. 그래서 대한민국 화천군, 스웨덴 에다시, 노르웨이 아이스코그시가 뜻을 모아 오슬로 복세나센 컨퍼런스센터, 모로쿨리엔 평화공원, 평화의 댐에 설치하였다. 이 종은 노르웨이 오슬로 시청에서 기증한 종이다.

피스카이워크

평화의 댐 정상에는 평화의 댐과 주변의 아름다운 풍경을 한눈에 볼 수 있는 스카이워크가 조성되어 있다. 국내에서 가장 높은 높이 125m의 댐을 내려다보며 하늘길을 걷는 스릴을 맛볼 수 있다.

세계평화의 종 공원

전세계 분쟁 국가에서 보내온 종들을 전시하여 평화를 염원하는 곳으로 2009년에 조성되었다. 세계평화의 종공원에는 세계 각국에서 보내온 종들이 전시되어 있다. 이탈리아 칼리시 도메니코 파피 시장이 성 산타키리아 수도원에서 세계평화를 위한 기도시간을 알리는데 사용하던 동종을, 노벨평화상 후보에 올랐던 태국의 평화운동가 술락 시바락사 박사는 방콕의 한 불교사원에서 사용하던 종을 각각 보내 왔다.

염원의 종

또한 댐하류가 내려다 보이는 곳에는 나무로 만들어진 염원의 종이 자리하고 있다. 웅장한 규모의 종이지만, 소리가 나지 않는 종으로 남북분단의 아픔을 상징적으로 알리고 있다.

국제평화아트파크

강원도 화천은 한국전쟁 당시 최대 격전지이자 휴전선과 가까워 평화에 대한 갈망이 강한 곳 중 하나이다. 이러한 곳에 평화와 사랑, 안보를 주제로 한 국제평화아트파크가 있다. 한국전쟁 당시 사용했던 탱크, 대포, 전투기, 대북확성기, 휴전선 철책 등의 수명이 다한 폐장비류를 재활용한 평화 예술품들이 1만 2300m^2의 부지에 아름답게 조성되어 있다.

이곳의 대표적인 조형물로 "평화를 위한 우리들의 약속"이 있다. 세 갈래로 뻗어있는 기둥은 자유, 평화 사랑을, 기둥 아래의 노란 장식은 평화의 새싹을, 두 개의 반지는 다음 세대와 영원한 평화의 약속을, 흰색 탱크는 평화 수호자로서의 역할을 상징하는 기념탑이다.

역사 문화 유적

"마음을 열고 하나되어"라는 조형물은 커다란 평화 마크 위에 사람 모양의 청동인형을 연출하여 관람객이 인형의 손을 잡으면 둥근 모양의 평화의 심벌이 완성된다. 서로를 바라보고 서로를 아껴주는 행복한 세상을 만들자는 의미를 담고 있다.

평화누리마당

평화나래교를 지나 평화의 댐 하류 지역으로 가면 산책할 수 있는 공원과 오토캠핑장이 있다.

평화나래교에서 평화의 댐을 정면으로 볼 수 있는데, 평화의 댐 콘크리트 벽면에는 '통일로 나가는 문' 이라는 주제의 트릭아트(입체적이고 실감나게 표현하는 미술기법)가 그려져 있다. 20여 명의 인원이 3개월간 벽에 매달려 작업했다고 알려진 4,775㎡ 면적의 그림은 기네스북에 등재될 정도로 엄청난 크기의 규모를 자랑한다. 그림에는 숨은 그림 7가지가 숨겨져 있어 재미를 더한다.

강원도 영서북부

철원 노동당사

등록문화재 제22호 · **주소** 강원도 철원군 철원읍 금강산로 265, 외 3필지(관전리 3-2번지 외 4필지)

남북분단과 해방 후 한국전쟁 사이에 일어난 수복지역의 애환을 보여주는 노동당사. 북한은 해방 후 자신들의 관할지역인 이곳을 관리할 당사를 지었다. 이 건물은 1946년 초 철원군 조선노동당이 시공해 그 해 말에 완공한 러시아식 건물이다. 지상 3층의 무철근 콘크리트 건물로, 현재 1층은 각방 구조가 남아 있으나, 2층은 3층이 내려앉는 바람에 허물어져 골조만 남아 있다. 한국전쟁의 참화로 검게 그을린 3층 건물의 앞뒤엔 포탄과 총탄 자국이 촘촘하다.

역사문화유적

이 건물을 지을 때 지역 주민들로부터 강제 모금과 노동력 동원을 하였다. 또한 내부 작업은 비밀유지를 위해 공산당원 이외에는 동원하지 않았다고 한다. 해방 후부터 한국전쟁이 일어나기까지 공산 치하에서 반공 활동을 하던 많은 사람이 이곳에 잡혀 와서 고문과 무자비한 학살을 당하였다. 3년어간에 걸친 한국전쟁 기간에도 남한과 북한의 고통이 심했던 아픈 역사를 가진 곳이다.

주변 유적지

장흥교회
강원도 철원군 동송읍 장방산길 33-14

장흥교회는 한성옥 목사가 1920년 공봉기의 자택에서 예배를 드리면서 시작되었다. 신석구, 서기훈, 명관조, 박경룡 목사 등 감리교회를 대표하는 목회자들이 이곳에서 시무했으며, 예배당 옆에는 1967년에 건립한 서기훈 목사 순교기념비가 있다.

대한수도원
강원도 철원군 갈말읍 순담길 15

1940년 장흥교회 박경록 목사를 중심으로 조선 광복을 위한 비밀 기도 모임이 시작되면서 대한수도원의 전신인 조선수도원이 설립되었다. 가장 오래된 건물로 1959년에 완공한 소성전이 있고, 소성전 옆에 한반도 모양의 연못과 교육관이 있다.

백마고지
강원도 철원군 철원읍 대마1길 72

강원도 철원군 철원읍 대마리 서북쪽 12km 지점에 위치한 해발 395m의 고지로, 한국전쟁의 대표적인 전적지이다. 위령비와 기념관이 조성되어 있어 역사교육의 현장으로 활용되고 있다.

양구 박수근 미술관

주소 강원도 양구군 양구읍 박수근로 265-15(정림리 131-1) · **전화번호** 033-480-2655 · **홈페이지** www.parksookeun.or.kr · **관람시간** 09:00-18:00 · **휴관일** 매주 월요일, 1월 1일, 설날과 추석 오전 월요일이 공휴일인 경우 개관

강원도 양구군에서는 양구 출신의 서민 화가 박수근의 예술혼을 기리기 위해 2002년 박수근의 생가 터에 200여 평 규모의 박수근미술관을 개관하고 4,500평 규모의 공원을 조성하였다. 이후, 이곳을 지속적으로 관리하고 확장해서 현대미술관(2005), 박수근파빌리온(2014), 어린이미술관(2020) 등을 차례로 개관하며 많은 사람들을 끌어들이는 양구의 대표적인 문화공간으로 자리매김 했다.

양구군에서는 박수근 작가의 정신을 계승하고 젊은 예술가의 창작 활동을 돕기 위해 박수근미술관 부지 내에 미술인 공동체 마을을 조성했다. 박수근의 호 '미석'을 따라 이름 붙인 '미석예술인촌'은 공정한 심사과정을 거친 후 입주자를 선정해 입주 작가들에게는 창작스튜디오와 전시공간을 제공한다.

박수근기념전시관

박수근기념전시관은 기념전시실과 기획(특별)전시실, 수장고, 뮤지엄으로 구성되어 있다. 전시관은 박수근 유족이 기증한 미공개 스케치 50여 점과 수채화 1점, 판화 17점, 박수근이 직접 글을 쓰고 그린 동화책과 스크랩북 등을 전시하고 있다. 그 외에도 화가들이 박수근을 기려 기증한 작품 70여 점 등이 있다. 2019년에는 박수근의 대표 작품인 〈나무와 두 여인〉을 소장해 전시하고 있다. 전시관에서는 박수근의 소천 날짜(5월 16일)에 맞추어 1년마다 기획전시를 진행하고 있다.

박수근기념전시관에 들어서기 전에 전시관을 지긋하게 바라보고 있는 박수근의 동상을 만날 수 있다. 박수근기념전시관 주변에는 박수근 작가의 작품에 등장하던 자작나무숲과 빨래터가 재현되어 있다. 빨래터 근처에는 박수근 작가의 작품 〈빨래터〉 그림과 함께 박수근이 아내에게 보낸 편지의 일부가 함께 전시되어 있다.

> 일전에 어머님 점심을 가지고 빨래터에 갔을 때 빨래하고 있는 당신을 본 후 아내로 맞이하기로 결심했습니다. 나는 그림을 그리는 사람입니다. 재산이라곤 붓과 파레트 밖에 없습니다. 만일 당신이 승락하셔서 나와 결혼해 주신다면 물질적으로는 고생이 되겠으나 정신적으로는 그 누구보다 행복하게 해드릴 자신이 있습니다….
> – 박수근 선생이 김복순 여사에게 보낸 편지 중에서

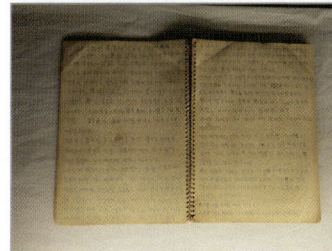

박수근 부부 산소

박수근기념전시관 뒤쪽 언덕에는 박수근 부부의 묘지가 있다. '화백 박수근, 전도사 김복순의 묘'라고 새겨진 묘석과 박수근의 그림이 새겨진 석판이 나란히 세워져 있다.

박수근파빌리온

2014년 박수근 화백 탄생 100주년을 기념하여 박수근파빌리온을 개관하였다. 근현대 미술 소장품을 전시하거나 작가들의 전시공간(아뜰리에)으로 사용하고 있다.

어린이미술관

박수근 작가의 작품세계를 어린이들이 보다 쉽게 이해하고 상상의 나래를 펼칠 수 있는 창의적 문화공간이다. 양구에서 태어나고 자란 박수근의 어린시절 이야기를 영상으로 만나볼 수 있는 공간과 박수근 작품을 샌드아트와 미디어아트로 재구성한 예술체험 공간 등으로 구성되어 있다. 특별히, 가난한 시절 자녀들에게 읽을거리를 마련해 주기 위해 박수근이 그림을 그리고 부인 김복순이 쓴 동화책 '고구려 이야기'를 만나볼 수 있다.

박수근공원

이곳에는 후대의 작가들이 박수근 작가를 추모하며 제작한 다양한 예술작품이 전시되어 있다. 공원에는 박수근의 삶과 그가 걸어온 길을 상징적으로 표현한 임세복 조각가의 '길(2018)', 박수근의 그림 아낙네와 엄마를 기다리는 소녀를 모티브로 한 안재홍 작가의 '기다림(2017)' 등이 있다.

현대미술관과 창작스튜디오

평생을 독학으로 공부한 박수근 작가가 추구했던 소박한 정신을 이어받아 미술인들의 안식처가 되어줄 집인 창작공간과 전시공간이 2005년 개관하였다.

인간의 선함과 진실함을 그린 화가 박수근(1914-1965)

박수근은 1914년 2월 21일 강원도 양구군 부농가의 기독교 집안에서 태어났다. 12살 어린 시절에 프랑스의 농민 화가 밀레의 "만종"을 보고 자신도 그와 같은 화가가 되기를 기도했으나 집안이 어려워져 중학교 진학마저 포기해야 했다. 그렇지만 그의 재능을 눈 여겨 본 일본인 교장과 한국인 오득영 선생의 격려로 박수근은 날마다 가까운 산과 들을 다니며 독학으로 그림공부를 했다. 그의 나이 18세에 조선미술전람회에서 이른 봄날의 농가를 그린 "봄이 오다"라는 작품으로 마침내 입선했다.

훗날, 박수근은 당시의 어려웠던 유년시절을 회상하며 중고등학생들의 교양지 〈학원〉 1963년 8월호에서 아래와 같이 고백했다.

> 나는 강원도 양구군 농가의 장남으로 태어나 어렵지 않게 살며 보통학교에 입학했는데 미술시간이 얼마나 좋았는지 몰라요. 제일 처음 선생님께서 크레용 그림을 보여주실 때 즐거웠던 마음은 지금껏 잊혀지지 않아요. 그러나 아버님 사업이 실패하고 어머님은 신병으로 돌아가시니 공부는커녕 어머님을 대신해서 아버님과 동생들을 돌봐야 했습니다. 우물에 가서 물동이로 물을 들어와야 했고 망(맷돌)에 밀을 갈아 수제비를 끓여야 했지요. 그러나 나는 낙심하지 한고 틈틈이 그렸습니다. 혼자서 밀레와 같은 훌륭한 화가게 되게 해달라고 하나님께 기도 드리며 그림 그리는데 게을리하지 않았어요.

그의 나이 21살에 어머니가 세상을 떠나자 집안 살림이 더욱 어려워져 식구들이 뿔뿔이 흩어졌고 박수근은 홀로 춘천으로 가서 계속해서 그림을 그렸다. 1940년 26세에 신실한 기독교인 아내 김복순과 금성감리교회에서 결혼하고, 이후 평안남도 도청 사회과 서기, 철원의 금성중학교 미술교사로 일하다 한국전쟁을 맞았다. 독실한 기독교 신자였던 박수근은 신변의 위협을 느끼고 1·4후퇴 때 가족과 헤어져 홀로 월남하였다. 일곱 살 난 큰 아들을 병으로 잃고, 전쟁 중으로 한 살이 채 되지 않은 셋째 아들을 잃었다.

소설가 박완서의 데뷔작 《나목》의 주인공, 박수근

군산까지 내려가 부두 노동자로 생활하던 박수근은 1952년, 폐허가 된 서울로 올라와 미군부대 PX의 초상화부에서 미군들의 초상화를 그려주는 일을 시작했다. 당시 그림 판매와 홍보를 맡았던 대학생 박완서와 함께 1년 어간 잠시 일했는데, 이것이 훗날 한국을 대표하는 화가와 소설가의 인연의 시작이었다. 십수년이 지나 박완서는 자신의 미군부대 PX 경험담을 바탕으로 첫 장편소설 《나목》(1970)을 써서 소설가로 등단하는데 이 소설에 등장하는 화가 옥희도는 박수근을 모델로 한 것이다.

이 소설은 한국전쟁을 배경으로 여주인공 이경(나)과 화가 옥희도의 삶과 성장을 그리고 있다. 소설 말미에 여주인공 이경은 옥희도의 유작전에서 옥희도의 그림 〈나무와 여인〉을 마주하는데, 그림 속의 나무가 메말라 생명력이 없는 '고목'이 아니라 봄을 기다리며 생명력을 담고 있는 '나목'이었음을 깨닫는다.

미국 PX 초상화부에서 그림을 그리는 박수근(중앙)

나무 옆을 두 연인이, 아기를 업은 한 여인은 서성대고, 짐을 인 한 여인은 총총히 지나가고 있었다. 내가 지난날, 어두운 단칸방에서 본 한발 속의 고목, 그러나 지금의 나에게 웬일인지 그게 고목이 아니라 나목이었다. 그것은 비슷하면서도 아주 달랐다. 김장철 소슬바람에 떠는 나목, 이제 막 마지막 낙엽을 끝낸 김장철 나목이기에 봄은 아직 멀건만 그 수심엔 봄에의 향기가 애닮도록 절실하다.

실제로 박수근과 박수근의 작품 〈나무와 두 여인〉(1956)이 모티브로 쓰인 이 소설에서 박완서는 화가 옥희도(박수근)를 그림 속 나무 "나목"과 같다고 했다. 이 소설에서 그려진 것처럼, 박수근은 미군에게 싸구려 초상화를 팔고 갖은 치욕을 당하면서도 의연함을 잃지 않고, 고통스러운 현실 속에서도 묵묵히 그림을 그리며 자신의 예술 세계를 지켜나갔다. 박수근미술관에서는 박수근 작고 55주기를 맞은 2020년에 그들을 모티브로 '나무와 두 여인'이라는 주제의 특별전시를 진행했다.

사명이자 생계수단인 그림 그리기

한국전쟁이 끝나갈 무렵, 아내와 어린 자녀들이 월남에 성공해 가족과 상봉했다. 박수근은 미군 PX에서의 초상화 제작을 그만두고, 서울 창신동에 판잣집을 구입해 그곳에서 꾸준히 그림을 그리며 자신만의 독특한 화풍을 발전시켰다.

박수근은 생계를 유지하기 위해 자신의 그림을 팔아야 했다. 하지만, 그의 그림은 지금과 달리 한국인에게 인기가 없었고 그림이 팔리지 않아 박수근은 늘 가난에 허덕였다. 그나마 당시 국내 유일의 화랑인 반도화랑에서 외국인들에 의해 간간히 싼 값에 팔렸는데, 주로 대사관이나 주재원의 부인들이 한국의 정취를 느낄 수 있는 박수근의 그림을 기념 선물로 사갔다. 때로는 외국 손님들이 그의 작업실이 있는 집에 직접 방문해 그의 작품을 골라 사 가

기도 하였다. 미국 외교관의 부인 마거릿 밀러는 미국으로 돌아간 뒤에도 박수근과 서신을 주고받으며 그의 그림을 구입하고, 질 좋은 물감 등을 보내주는 등 그의 작업을 응원했다. 이렇게 얼마 되지 않은 그림 삯을 받아, 박수근은 식구들을 먹여 살렸고, 남은 돈으로는 자신의 사명이자 생계수단인 그림을 계속해서 그리기 위해 그림 물감을 샀다.

박수근은 매번 국전(대한민국미술전람회)에 출품하였으나, 아무런 연줄이 없던 박수근의 작품은 늘 입선에 머물렀다. 1957년 제6회 국전에 100호 크기의 대작 〈세 여인〉을 응모했으나 낙선하자 크게 실망하고, 그다음 해까지 출품조차 하지 않았고 이때부터 과음이 심해졌다. 1959년부터는 국전의 추천 작가와 심사위원으로 활동하였으나 계속되는 과음으로 49세에 백내장으로 한쪽 눈을 실명하였고, 고질병인 간경화와 응혈증이 악화하여 51세의 나이에 생을 마쳤다. 박수근의 유해는 경기도 포천군 소흘면 동신교회 묘지에 묻혔다가, 2004년 이곳 양구의 박수근미술관으로 옮겨졌다.

인간의 선함과 진실함을 찾아서

비록 가난이 그의 삶을 억눌렀지만, 박수근은 소박한 민초들의 삶을 펜 끝에 담는 일을 포기하지 않았다. 제도적인 미술교육을 받지 못해 그의 그림은 일부 사람에게 낯설고 새롭게 보이기도 하였지만, 박수근은 일제 치하와 한국전쟁을 겪으며 힘들고 어려운 이 땅에서 고단하고 가난한 삶을 살았던 이름없는 이들의 지극히 평범한 모습 속에서 이들 안의 진실함과 사랑을 자신만의 독특한 화폭에 담아냈다. 평범한 시골과 장터와 빨래터의 범부들의 표정과 모습, 여인들의 이마, 엄마가 오기를 기다리며 동생을 업은 누나, 한 병이라도 더 팔아 생계를 이어야 하는 기름 파는 아낙네, 무덤덤하게 앉아 있는 아저씨, 200년간이나 동네를 지켜온 느릅나무…. 그를 둘러싼 주변의 모든 것이 작업의 중심 소재였다.

박수근은 원근감을 배제한, 단순하지만 사상적 깊이가 담긴 선묘와 형태로 그들을 표현했다. 화강암이나 시골벽돌의 질감을 연상시키는 독특한 기법을 통해 투박하지만 인심 많아 보이는 우리 민족의 정서를 새겨내었다. 이처럼, 박수근은 만물의 평범함 속에서 "인간의 선함과 진실함"이라는 거창한 꿈을 그려내어 갔다.

> 나는 인간의 선함과 진실함을 그려야 한다는 예술에 대한 대단히 평범한 견해를 가지고 있다. 따라서 내가 그리는 인간상은 단순하고, 다채롭지 않다. 나는 그들의 가정이 있는 평범한 할아버지와 할머니, 그 물론 어린 아이들의 이미지를 가장 즐겨 그린다.

비록 세월의 풍파를 견디기 위해 해질 무렵엔 막걸리를 한잔씩 즐겼지만, "참는 자에게 복이 있다"는 글에서는 "참는 자에게 복이 있다든가 이웃을 사랑하라는 성경말씀을 늘 생각하면서 진실하게 살려고 애썼고 또 나의 고난의 길에서 인내력을 길러왔습니다"라고 고백하며 그 자신의 그림을 통해 긍휼과 사랑에 대한 기독교정신을 여실히 보여주었다.

강원도 영서북부

양구 DMZ 펀치볼 둘레길

주소 강원도 양구군 해안면 해안서화로 23 · **홈페이지** www.dmztrail.or.kr

강원도 산속 깊은 곳, 양구군 해안면에 위치한 펀치볼마을은 해발 1,100m이상의 높은 산으로 둘러 쌓여 있는 분지로 형성된 고즈넉한 지역이다. 펀치볼마을의 지명은 6·25전쟁 당시 외국의 종군기자가 가칠봉에서 내려다본 노을진 분지가 칵테일 유리잔 속의 술빛과 같고, 해안분지의 형상이 화채그릇(Punch Bowl)처럼 생겼다는 뜻에서 붙여졌다고 한다.

힐링휴양지

펀치볼마을은 양구군 해안면의 만대리, 현1, 2, 3리, 오유1, 2리의 여섯 개 리로 구성되어 있다. 1956년 휴전 후 난민 정착사업의 일환인 재건촌 조성으로 100세대씩 입주시키며 농민들의 개척에 의해 마을이 다시 만들어졌다. 펀치볼 주변의 마을과 숲길을 둘러볼 수 있는 펀치볼 둘레길과 국립DMZ자생식물원이 조성되어 있다. 방문객들은 민통선 이북지역에 있는 을지전망대, 제4땅굴 등의 안보관광지도 함께 여행할 수 있다.

DMZ 펀치볼 둘레길 안내지도

DMZ 펀치볼 둘레길

DMZ 펀치볼 둘레길은 민통선 북방지역에 위치한 화채그릇(Punch Bowl) 모양의 해안분지 내에 조성된 둘레길이다. 아름다운 그 형상 자체가 천연기념물로 지정되어 있고 숲길 대부분은 산림유전자원보호구역으로 지정되어 있을 정도로 몸과 마음을 힐링하기에 좋은 곳이다. 특히 민통선 내 미확인 지뢰지대와 인접해 탐방객의 안전과 산림유전자원보호를 위해 탐방예약과 가이드를 동반하고 있다. 남북 모두에게 매우 중요했던 군사적 전략지에서 느끼는 자연과 생태여행은 남다른 느낌을 줄 것이다.

탐방은 하루 2회 정해진 시간(오전 9시 20분, 오후 1시 30분)에 출발하며 탐방 3일 전까지 한국등산트레킹지원센터(http://www.komount.kr)에서 숲길예약을 해야 한다. 총 4가지의 둘레길이 조성되어 있으며, 오후 1시 30분 탐방은 오유밭길 DMZ자생식물원에서 야생화공원 구간으로 약 2시간 정도 소요된다.

1구간: 평화의 숲길
거리: 14km/소요시간: 4시간/난이도: 보통
군사분계선의 상징물인 벙커, 교통호, 월북방지판, 철책 등을 접하며 평화의 소중함을 인식하고, 와우산 자작나무 숲에서 '평화의 숲'에 얽힌 전설을 들을 수 있다. 펀치볼의 지형이 한눈에 전망되는 와우산전망대를 거쳐 6·25전쟁 당시 양구지역 전투에서 산화한 무명용사를 포함한 1만여 명의 호국영령들의 위패를 모신 정안사까지 가는 코스이다.

2구간: 오유밭길
거리: 21km/소요시간: 5시간 30분/난이도: 보통
천연기념 보호구역이자 산림유전 자원보호림 내의 다양한 식생과 천연기념물인 217호 산양 등 야생동물의 흔적을 탐방하고, 해안분지의 수려한 자연경관을 볼 수 있다. 억새길이 아름다운 오유 저수지를 지나 그동안 자연훼손을 우려해 공개되지 않은 식물들을 볼 수 있는 DMZ자생식물원을 돌아보고, 선사주거 유적지도 경험할 수 있다.

3구간: 먼멧재길
거리: 16.2km/소요시간: 4시간 20분/난이도: 어려움
후리 자작나무숲을 지나 DMZ 특색인 지뢰밭 길을 통과하여 대암산 능선을 따라 걷다보면 금강산, 무산, 운봉, 스탈린고지 등 지금은 갈 수 없는 북녘산하와 남쪽의 설악산, 점봉산, 향로봉 등 산봉우리가 그림처럼 펼쳐진다.

4구간: 만대벌판길
거리: 21km /소요시간: 5시간 30분/난이도: 어려움
성황당을 지키는 졸참나무 보호수와 만나고 대암산 자락의 능선과 계곡을 오르락내리락 걸으면서 소나무조림지 아래로 펼쳐진 만대평야의 탁 트인 경관을 감상할 수 있다.

국립DMZ자생식물원

산림청 소속 국립수목원에서는 DMZ에서 자라고 있는 식물과 북방계 식물을 관찰하고 연구해 다양한 보전 방안과 활용 방법을 모색하기 위해 국립 DMZ 자생식물원을 설립하여 운영하고 있다. DMZ습지원, 희귀-특산식물원, 북방계식물전시원, 소나무과원, War가든, 야생화원 등 모두 8개의 전시 공간으로 구성되어 있으며, 국제연구센터, 방문자 센터 등이 세워져 있다.

북방계식물전시원은 DMZ일대를 비롯해 북한과 러시아 등지에서 분포하고 있는 북방계 식물들로 구성된 정원이다. 백두산의 건조한 풀밭에서 서식하는 여러해살이풀인 백두산떡쑥, 백두대간과 울릉도에 분포하는 만병초 등 남한에서 접해 보지 못한 각종 식물들을 만나볼 수 있다.

DMZ자생식물원에는 인간의 손길이 닿지 않은 일대 희귀 식물과 특산식물을 보호하고 체계적인 관리를 위해 희귀, 특산식물원이 조성되어 있다. 깊은 산에 들어서야 만날수 있는 모데미풀과 노랑무늬붓꽃 등 희귀식물과 특산식물을 한 곳에서 둘러볼 수 있는 식물원이다.

War가든은 국립DMZ자생식물원의 주제 정원으로 DMZ가 지닌 자연, 역사, 문화요소를 반영해 평화와 통일을 염원하는 상징을 담은 정원이다. DMZ지역에 들어가는 통문을 비롯해 DMZ에서 철거된 철조망의 잔해를 녹인 종 등이 있다.

양구통일관 & 양구전쟁기념관

양구통일관은 북한에 대한 이해의 폭을 넓히고 통일 의지를 고취시키는 정신교육의 장으로 활용하고자 1996년 8월에 건립되었다. 전시실은 통일부의 지원을 받아 북한의 생활용품, 사진 등을 전시한 제1관 '북한의 현재', 남북 관계의 역사와 통일을 위한 다양한 정책들을 소개한 제2관 '미래의 한반도'로 구성되어 있다. 양구 출신의 조각가 유영호의 'Greetingman-인사하는 사람'이 정전 60주년을 맞이한 2013년에 통일관 앞에 세워졌다.

도솔산지구와 펀치볼지구 전투의 전승을 기리고자 1999년 6월에 준공된 도솔산·펀치볼지구전투전적비는 높이가 18m이고 탑신 중간에 위치한 3기의 청동 용상은 용감하게 승리한 해병대원과 국군, 미군 참전용사의 모습을 각각 상징하고 있다.

양구통일관 바로 옆에 있는 양구전쟁기념관은 도솔산전투, 펀치볼전투, 피의능선전투 등 양구지역 9개 전투사를 조명한 전쟁기념관으로 2000년 6월에 개관하였다.

기념관 내부는 한국전쟁 당시의 참혹한 상황을 재현한 소품과 전쟁유품 500여점이 영상과 전시되어 있다. 특별히 양구지역 전투에서 전사한 3,800여명의 국군 중 확인된 1,100여명의 이름이 기념관 내부에 게재되어 있다.

제4땅굴 & 을지전망대

양구 동북방 26km지점 비무장지대 안에서 발견된 높이 1.7m, 폭 1.7m 길이 2,052m의 제4땅굴은 군사분계선에서 불과 1,028m 떨어진 곳에 위치해 있다. 20인승 전동차를 이용해 관람할 수 있고 이 외에도 영상실, 안보교육관 등이 있다.

해발 1,049m 높이의 DMZ 철책 위에 세워진 을지전망대는 남북한의 대치상황을 한눈에 볼 수 있다.

양구 한반도섬

주소 강원도 양구군 양구읍 고대리 파로호 내

호수 공원 안에 누워있는 아름답고 작은 우리 땅 한반도. 양구군 양구읍 파로호와 서천이 만나는 파로호 상류에 2009년 조성된 대형 습지공원으로 한반도 모양을 축소해 만든 인공섬이다. 양구읍 하리 방향에서 나무다리를 이용해 섬 안으로 들어갈 수 있다. 공원 안에 울릉도와 독도는 물론이고, 백두산과 지리산을 비롯해 서울을 상징하는 해치상, 제주도를 상징하는 돌하루방과 한라산, 강원도의 반달곰 등 설치물과 관련한 표지판이 세워져 있다. 작은 공간이지만, 걸어서 우리 땅 전체를 돌면서 상징물들을 만지면서 민족과 역사와 생각할 수 있는 공간이다.

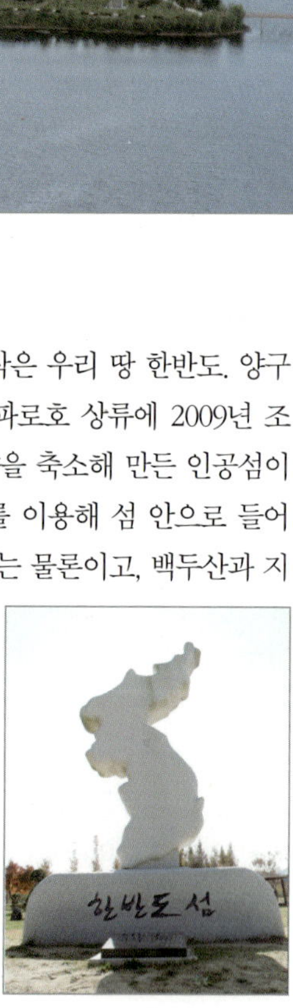

힐링휴양지

그 외에도 다양한 볼거리들이 있다. 특별히 한반도의 중앙에 위치한 양구 지역 근처에는 통일을 생각해 볼 수 있는 작품들이 전시되어 있다.

또한 이곳에서 짚라인(와이어) 한반도 스카이(성인 20,000원), 무동력 수상 레포츠(40분/10,000원)를 경험할 수 있다.

한반도를 내려다 볼 수 있는 한반도섬 전망대가 습지공원 맞은 편에 있다. 곳곳에서 통일 한국을 생각할 수 있는 공간이다.

02 영서 남부

기독교 유적
횡성 풍수원성당
원주 용소막성당
원주제일교회
원주세브란스기독병원
원주 제2가나안농군학교

역사문화 유적
원주 박경리문학공원
영월 강원도탄광문화촌

힐링휴양지
영월 한반도지형

영서 남부지역 미리 보기

조선시대 감영이 위치한 원주와 횡성, 평창, 영월, 정선을 품고 있는 영서남부지역. 이곳은 DMZ와 인접한 분단의 최전방인 영서북부와는 약간 다른 느낌을 준다. 북부지역에 비해 분단의 비장함은 줄어들고, 강원도의 깊은 맛은 더해진다. 깊은 산 속 이야기가 색다른 분위기를 만들어주고, 평창동계올림픽이 의미하듯 힐링과 재충전, 신선함과 고요함은 더 깊어진다. 이 지역의 가톨릭과 개신교의 역사는 춘천이나 강릉을 비롯한 강원도 전체 속에서 이해될 필요가 있지만, 동시에 충청북도의 기독교 전파와도 상당 부분 연계되어 있다. 남한강과 이어진 물줄기 때문이기도 하고, 수도권과 중부내륙지역과 가까워서일 수도 있다.

18세기 후반에 서양의 학문, 즉 서학이 중국을 통해 한국땅에 본격적으로 도입되면서 가톨릭신앙이 우리 나라에 들어왔다. 1784년(정조 8)에는 이승훈(1756-1801)이 중국 북경에서 세례를 받고 돌아와서 이벽, 정약전 등과 함께 가톨릭 신앙공동체, 즉 천주교회를 형성하기 시작했다. 하지만, 천주교에 대한 조선 정부의 탄압이 심해지면서 경기도 양평과 여주에 거주하던 신자들이 신앙과 목숨을 지키기 위해 강원도 원주와 횡성 등지로 이주했다. 이를 계기로 19세기 초반에 강원지역에 천주교 공동체가 정착되었다.

이 과정에 횡성 풍수원성당은 강원도의 천주교회 전개에 중요한 역할을 했다. 1888년 풍수원성당에 프랑스인 르메르(Le Merre)가 초대 신부로 부임하였고, 원주 용소막성당은 풍수원성당의 전직 교회장 최석완이 1898년 원주본당 소속 공소로 모임을 시작하였다. 1909년에 고딕식 성당으로 준공된 풍수원성당은 강원도 최초의 성당이자, 한국인 신부가 지은 한국 최초의 성당으로 역사적인 의미가 매우 크다. 이처럼 횡성 풍수원성당은 수많은 인근 지역 천주교회의 중심축 역할을 했다.

가톨릭 신앙과 거의 100여 년의 간극을 두고 시작된 강원도 영서남부지역의 개신교 선교는 1888년경에 미국 감리교 선교사에 의해 시작되었다. 감리교의 대표적인 인물인 아펜젤러와 존스 선교사가 1888년 8월 서울을 떠나 원주 감영에 도착한 후 전도를 해 호의적인 반응을 얻었다. 이후 1898년 기독교 관련 서적을 파는, 일명 권서전도인으로 활동하던 장춘명이 경기도 이천, 여주 지역을 비롯해 장호원, 죽산, 음죽, 충주, 제천, 원주 등지를 돌면서 기독교 신앙을 전했다. 마침내 미국 남감리교회 선교사 무스가 1905년 4월 15일, 원주 일산동 초원에서 첫 예배를 드렸는데, 이것이 원주읍교회, 현재 원주제일교회의 시작이다. 비록 다른 지역에 비해 복음이 처음 전파되어 교회로 자리잡기까지는 적지 않은 시간이 필요했지만, 한 번 뿌려진 복음의 씨앗은 굳건히 자리를 잡아갔다.

강원도는 점차 감리교 선교구역이 되었다. 그중에서 원주, 횡성, 평창, 영월, 정선, 강릉, 삼척 지역은 한국에 들어와 있던 선교사들의 합의에 따른 선교지역 분할정책에 따라 미국 북감리회가 담당하였다. 강원도 지역에서 100년 이상 된 오랜 역사를 지닌 교회 대부분이 감리교 계열의 교회인 것은 바로 이런 이유 때문이다.

감리교의 흔적은 원주에도 뚜렷하게 남아있다. 1913년에는 원주 일산동에 서미감병원이 세워졌으며, 해방 이후 원주연합기독병원으로 이름을 바꾸어 운영되었다. 한국전쟁으로 옛 건물을 포함해 많은 부분이 없어졌지만, 병원 설립과 운영에 헌신했던 선교사들의 기념비와 초대 병원장인 문창모의 흉상을 우리는 지금도 만날 수 있다.

원주에는 특히 교회뿐만 아니라 개신교 역사와 관련해 돌아볼 곳이 많다. 기독교 뿐만 아니라 한국사회에도 큰 기여를 했던 기독교공동체 운동이 전개되었다. 농민 계몽운동과 민초들의 가난을 극복하는데 평생을 바친 김용기 장로는 경기도 양주군 봉안의 이상촌 건설을 시작으로, 경기도 고양, 용인, 광주에 황무지를 개척하였고, 1973년 강원도 원주군 신림면에 마지막 이상촌을 개척하였다. 김용기 장로가 살던 집은 오늘날에도 보존되어 있고, 아담한 가족묘지가 조성되어 있다. 세계지도자교육센터에서는 김용기의 생애와 가나안농군학교의 역사와 활동을 살펴볼 수 있다.

이 지역에도 한반도의 역사를 생각하게 해주는 곳들이 있다. 박경리 문학공원은 《토지》라는 위대한 문학작품을 통해 한국의 근대이야기를 풀어주었다. 남쪽지역 통영 출신인 박경리가 원주에서 《토지》를 완성했다는 것이 강원도에서 다시 통일과 대륙을 향해 꿈꾸게 해 주는 것이리라. 영월 한반도 지형에서 느끼는 자연 속에 오롯하게 새겨진 우리땅에서 느끼는 민족과 통일에 대한 맥박 또한 같이 느껴볼 수 있을 것이다.

영월 지역은 대한민국 산업화의 근간이었던 석탄산업을 살펴볼 수 있는 특별한 역사문화 공간이 있다. 영월의 강원도탄광문화촌은 과거 번성했던 마차리의 옛 모습과 갱도를 복원해 광부들의 생활모습을 실감나게 돌아볼 수 있다. 깊은 산골 계곡마다 너무 많은 이야기를 살며시 담고 있는 강원도. 삶의 질퍽했던 역사와 그 수고와 아픔을 어루만져주는 치유와 재충전의 공간들을 이곳에서도 느낄 수 있을 것이다.

영서 남부지역 한눈에 보기

- 기독교유적
- 역사문화유적
- 힐링휴양지

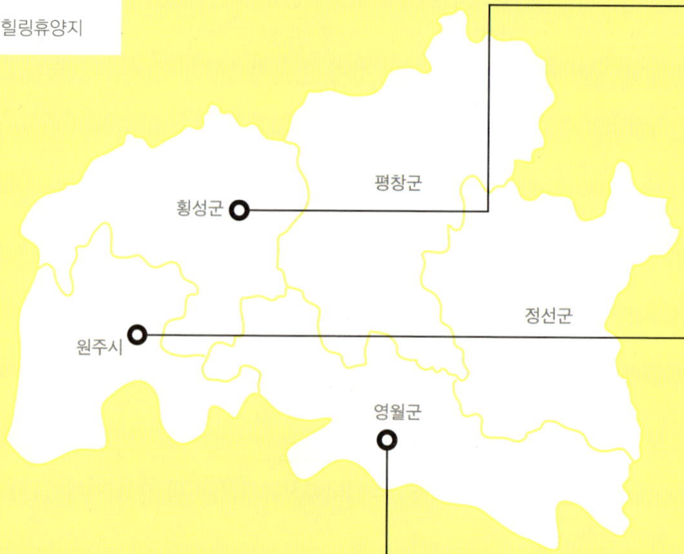

횡성군
평창군
정선군
원주시
영월군

영월군

영월 강원도탄광문화촌

영월 한반도지형

횡성군

횡성 풍수원성당

원주시

원주 용소막성당

원주제일교회

원주세브란스기독병원

원주 제2가나안농군학교

원주 박경리문학공원

횡성 풍수원성당

강원도 유형문화재 제69호 · **등록문화재** 제163호 · **주소** 강원도 횡성군 서원면 경강로 유현1길 30(유현리 1097) · **전화번호** 033-342-0035 · **홈페이지** www.pungsuwon.org

한국인 신부가 지은 한국 최초의 성당이자, 강원도 최초의 성당. 이렇게 역사적으로 의미가 큰 풍수원 성당은 강원도 전체와 경기도 일대의 천주교회를 관할하던 중심지였다.

이곳은 원래 1801년부터 천주교에 대한 탄압을 피해 모여 살던 한국 최초의 천주교 신앙촌이었다. 1888년 프랑스인 르메르(Le Merre)가 초대 신부로 부임하면서 부흥해 춘천, 화천, 양구, 홍천, 원주, 양평 등 12개 군을 담당하였고, 이 지역 인근의 중심지 역할을 했다. 1896년 정규하 신부가 2대 신부로 부임해, 1909년에 신자들과 함께 현재의 고딕식 성당을 준공하였다.

풍수원성당과 사제관을 먼저 둘러보면서 그 지나온 역사를 살펴볼 수 있다. 이후에 밖으로 나와 천주교회의 묵상길의 상징인 '십자가의 길'을 따라 신앙과 삶을 묵상할 수 있다. 좀더 나가보면 가마터와 유물전시관을 만날 수 있다. 주차장에 있는 문화해설가의 집을 방문해 자세한 안내를 받는 것도 좋다.

더 알아보기 QR코드를 스캔해 보세요

● 신동석 문화해설사 인터뷰
  풍수원성당의 역사와 정규하 신부 이야기

기독교유적

풍수원성당 구 사제관은 1912년에 설립된 벽돌로 지은 건물이다. 원래 정규하 신부가 사제관으로 이용하다가 1997년 개보수해 현재는 유물전시관으로 사용되고 있다. 이곳에는 정규하 신부의 유품과 성당의 초기 유물 320여 점이 전시되어 있다. 사제관 정문 옆에는 정규하 신부의 흉상이 자리하고 있다. 풍수원성당 구 사제관은 2005년 대한민국 등록문화재 163호로 지정되었다.

정규하 아우구스티노 신부(1896-1943)

1896년 풍수원본당 제2대 주임으로 부임한 정규하 신부는 1863년 충남 아산에서 출생하였다. 1884년 말레이시아 페낭(Penang)으로 유학을 갔다가 1891년 귀국했다. 그리고 1896년 4월 26일 서울 중림동 약현성당에서 강도영, 강성삼 신부와 함께 서품을 받았다. 그는 풍수원성당에 부임한 후에 성전 건축을 직접 감독하면서 성도들과 함께 현재의 성전을 완공하였다. 정규하 신부는 독립운동을 하던 의병에게 침식을 제공하고 삼위학당을 설립해 민족의식을 고취한 독립운동가였다. 일제강점기였던 1920년 6월 3일에는 제1회 풍수원성체현양대회를 거행한 선구적인 인물이었다. 우리나라가 해방의 기쁨을 누리기 전인 1943년 10월 23일 선종하였다.

십자가 길과 가마터

풍수원성당에는 가톨릭교회의 대표적인 명상길인 '십자가의 길'이 잘 구비되어 있다. 십자가의 길이란 예수님의 마지막 고난의 길을 14개 내외로 나누어 조각상과 말씀을 더해 명상의 지점을 만들어 놓은 곳을 이른다. 이곳에서 이철수 화백이 제작한 14개의 작품을 감상할 수 있고, 십자가의 길을 따라 걷다 보면 대형 십자가상도 만나게 된다.

풍수원성당 뒤쪽에는 성당 건립 당시 벽돌을 제작했던 가마터가 재현되어 있다. 당시 우리나라 건물은 목조건축물이 주를 이루어서, 벽돌로 건축을 하는 경우 중국인 기술자가 와서 성당건축을 도왔다. 풍수원성당의 경우 명동성당을 지은 중국인 기술자 진베드로가 성당에서 500m 떨어진 피미기 마을에 가마터를 만들고 벽돌을 구웠다. 정규하 신부가 직접 설계하고 감독을 했고, 남자교우들은 산에서 나무를 베어오고 돌을 날랐고, 여자교우들은 인근 산에서 진흙으로 벽돌을 찍고 가마에 구워 머리에 이고 날랐다.

풍수원(豊水院)은 '물이 풍부한 곳에 있는 원'이라는 뜻으로, 여기서 원(院)이란 조선시대 관원들이 공무를 다닐 때 숙식을 제공하던 곳이다. 가마터 옆의 원터에는 당시 풍수원을 재현해 놓았다.

유물전시관

유물전시관에는 박해 당시 어려웠던 민초들의 생활상을 보여주는 민속유물들이 전시되어 있다. 비록 값비싼 도자기나 서화는 아니지만, 평범하고 낮은 위치에 있었던 서민들의 삶과 애환을 여실히 느낄 수 있다. 특히 풍수원성당의 유서 깊은 자료들도 진열되어 있다.

초기에 사용하던 풍수원성당의 감실

1909년부터 사용하던 청동 촛대

1896년부터 제병을 굽던 제병기와 제병 절단기

원주 용소막성당

강원도 유형문화재 제106호 · **주소** 강원도 원주시 신림면 구학산로 1857(용암리 719-2) · **전화번호** 033-763-2343

용소막성당은 강원도에서 세 번째로 지어진 성당으로 풍수원성당의 전직 교회장 최석완이 1898년 원주 본당 소속 공소로 모임을 가지면서 시작되었다. 이후 1904년 초대 주임 가스통 프와요(Gaston Poyaud) 신부가 땅을 매입해 개조한 초가집을 성당으로 사용했다. 당시 신자들의 숫자가 2천 여 명에 이르기도 했다.
현재의 벽돌 건물은 3대 피에르 시잘레(Pierre Chzallet) 신부가 중국인 기술자들의 도움을 얻어 지은 것으로, 1915년 프랑스식의 종탑과 아치 등을 가진 성당으로 완공했다. 그런데 기술자들의 실수로 기둥이 2자 정도 낮아져 가파른 지붕을 갖게 되었다. 일제 강점기에 종을 일본에 빼앗겼고, 한국전쟁 시기에는 공산군의 창고로 사용되기도 했다. 성당에는 보호수로 지정된 150년이 넘은 느티나무 다섯 그루가 암울했던 역사의 증언자로 남아 있다.

기독교유적

용소막성당 내에는 한국가톨릭 최초로 성경을 한글로 번역한 선종완 신부의 기념관과 생가 터가 자리하고 있다. 선종완 신부 기념관에는 그의 사용한 각종 메모, 성경번역 원고, 유품, 다양한 언어의 성경번역본들이 전시되어 있다. 성당 뒤쪽에는 예수님의 고난을 묵상할 수 있는 십자가의 길이 조성되어 있다.

선종완 신부 생가터   선종완 신부가 직접 설계, 제작하여 사용한 책상   십자가의 길

한국가톨릭 최초로 성경을 한글로 번역한 선종완 신부 (1915-1976)

한국가톨릭교회 최초로 성경을 한글로 번역한 선종완 신부는 1915년 강원도 원주 신림에서 태어났다. 1942년 사제 서품을 받은 그는 일본으로 건너가 동경 중앙대학 전문부에서 경제학과 법학을 공부했다.

해방 직전인 1945년 5월 서울로 돌아와 경성 천주공교신학교(현 서울 가톨릭대학 전신) 성서학 교수로 취임하였다. 이후 로마 우르바노 대학교 신학과를 졸업하고, 로마 안젤리쿰대학 신학연구과를 거쳐 로마 성서대학에서 수학하고, 예루살렘 성서 연구대학원에서 1년간 고고학연구를 수료한 후 귀국하였다. 1952년 성신대학 교수로 복직했고, 1955년부터 구약성경 번역을 시작했다.

평생 성경해석에 몰두한 선종완 신부는 성경 원어에 기초해 구약과 신약을 한글로 번역한 최초의 가톨릭 신부가 되었다. 가톨릭대학 교수로 있으면서 성경번역을 시작한 그는 죽는 순간까지 이 거룩한 일을 지속했다. 그는 1976년 7월 10일 구약성서 번역과 원고 교정까지 완료하고, 다음날 7월 11일 간암으로 소천했다. 그의 한국어로의 성경번역은 한국 가톨릭교회에 귀한 주춧돌을 놓았다.

십자가와 인내_선종완 신부

십자가에서 모든 것을 배우고 깨닫자

십자가를 사랑하고 예수님을 위해서 희생하는 것을 영광으로 여기면서 하느님을 섬기는 것이 우리의 길입니다. 그러기 위해서는 단련을 많이 받아야 합니다. 하느님은 우리의 모든 것이기 때문에 사사로운 생각이나 욕심 같은 것은 대담하게 버리고 하느님만을 사랑하는 것입니다.

그때의 우리의 모습은 번데기에 비길 수 있을 것입니다. 하느님의 사랑에 참여하면서부터 차츰 내부로부터 변화가 생기는 것입니다. 동작이 느리고 보기에 흉한 번데기가 허물을 벗고 나오면 고운 나비가 되어 훨훨 날아갑니다. 전에 뒤집어쓰고 있던 번데기탈은 완전히 허물만 남게 됩니다. 이러한 탈바꿈을 하기 위해서는 완전히 자기를 하느님께 바치는 완전한 사랑이 따라야 합니다.

우리가 하느님을 완전히 닮기 위해서는 십자가의 고난에 참여하는 것이 가장 합당한 방법입니다. 어려운 일을 당할 때 "하느님이 나를 사랑하시어 특별히 단련을 시키시는 것이다." 이렇게 믿고 모든 것을 하느님께 의지해야 합니다. 어려운 일을 당할수록 더욱 감사드려야 합니다.

하나님을 위한 수고는 곧 사랑

십자가를 사랑하는 마음이 우리 인생을 통해서 불같이 타오를 때 우리는 끝까지 갈 수 있는 항구한 은혜를 받습니다. 우리가 어려움을 당할 때 마음이 변하기 쉬운데 그것을 이겨 나가야 하느님의 품안에 들어갈 수 있습니다. 어려움을 당할수록 더욱 용기를 내어 이겨 나가야 합니다.

우리가 하는 성서번역이 5년, 6년째 접어드는데 아직도 5년반, 6년은 더 가야 마칠지 어떨지 모르겠습니다. 날마다 하는 일에 어려움이 많습니다. 그러나 이제는 훈련이 되어 어려운 곳이 없으면 너무 심심하기까지 합니다. 좀 까다로운 곳이 나와야 눈이 번쩍 떠지고 용기가 납니다. 어려운 곳에서 얻어진 경험입니다.

아우구스티누스 성인의 말씀대로 사랑을 하면 수고하는 줄을 모른다는 말이 있습니다. 사랑하는데 무슨 수고랄 것이 있습니까? 수고를 한다면 그 수고마저 사랑하게 될 것입니다. 우리의 사랑은 결코 변할 수 없으며 어려움을 당할수록 힘이 더 생기고 굳어져 계속 사랑해서 끝까지 지켜 나가도록 힘쓸 것입니다.

우리가 하느님 나라에 참여하려면 하느님의 말씀과 친해야 합니다. 모든 사람이 잘 알아들을 수 있도록 애를 써야 합니다. 자기도 못 알아들으면서 그냥 글자만 옮겨놓으면 문장 연결도 안 되고 재미도 없습니다. 그러나 완전히 알아들으면 아주 실감나게 누구나 다 읽고 알 수 있도록 문장이 다듬어지는 것입니다.

이렇게 하는 것이 우리 영신생활에 도움을 주며 이러한 노력은 하루아침에 되는 것이 아닙니다. 항상 읽고 생각하고 또 생각해서 더 깊이 알아듣는 것이니까 언제나 기도하면서 익혀 나가야 합니다.

출처 : 《말씀으로 산 사제》(선종완 신부 유고집)

원주제일교회

주소 강원도 원주시 일산로 40(일산동 114) · **전화번호** 033-742-2170 · **홈페이지** www.wjmc.or.kr

원주제일교회의 원래 이름은 원주읍교회로 원주시 인근에서 가장 먼저 세워진 교회이다. 1905년 로버트 무스(Jacob Robert Moose, 무아곱) 선교사가 장의원 권사와 같이 원주를 방문해, 본부면 상동리 풀밭에서 한응수, 한치문, 장호운, 김용덕, 엄용문, 윤만영 등과 함께 첫 예배를 드린 것이 원주제일교회의 시작이었다.

1912년 중등교육기관인 남녀공학 의정학교를 설립하고, 1916년 정신유치원을 교회 안에 설립하였다. 또한 같은 해에 서미감병원 건립에 도움을 준 미국 스웨덴교회의 원조를 받아 첫 번째 예배당을 신축하였다.

현재 교회 마당 한 켠에는 원주 선교부에서 활동했던 미국 감리회 선교사 찰스 모리스(Charles D. Morris, 모리시)와 에스더 레어드(Esther Laird, 라애시덕), 그리고 원주제일교회 장로로 봉직한 '한국의 슈바이처'라 불리는 문창모 선생을 기리는 기념비석 세 개가 나란히 세워져 있다.

역대 담임목사였던 민족대표 33인 중 한 사람인 신홍식 목사, 평양 3·1만세운동에 참여해 옥고를 치른 송득후 목사, '어머니의 은혜'를 작사한 윤춘병 목사 등이 이 교회가 배출한 인물들이다.

찰스 모리스(Charles D. Morris, 모리시, 1869-1927)

아일랜드 퀸즈 카운티에서 태어난 찰스 모리스는 1900년 미국 드루신학대학을 졸업하였다. 1901년 미국 감리회 해외선교부의 파송을 받아 한국에 들어온 그는 황해도와 강원도에서 26년간 사역했다. 1905년까지 평양에 머무르면서 순회전도 활동을 하였고, 1906년 평안북도 영변의 감리사로 일하면서 영변에 숭덕학교(1907)와 숭덕여학교(1908)를 설립하였다. 1912년 평양으로 돌아온 그는 1916년까지 해주, 평양을 중심으로 활동을 했고, 1917년 원주지역 감리사로 와서 강원도 산간지역을 순회하며 선교하였다.

찰스 모리스 기념비

에스더 레어드(Esther Laird, 나애시덕, 1901-1968)

미국 오하이오 출신인 레어드는 오하이오 웨슬리안 대학에서 공부하였다. 1926년에 한국에 처음 들어와 원주에 정착했고, 1952년에 대전에서의 선교활동을 포함해 40년 세월을 한국교회와 한국인, 특별히 가난하고 소외된 사람들을 위해 보냈다. 에스더 선교사는 젖을 먹을 수 없는 시골 아이들을 멀리서 데려다 분유를 먹이는 등 강원도민을 사랑했다. 특

에스더 레어드 기념비

별히 한국전쟁 와중에 전쟁고아, 전쟁미망인, 결핵 환자는 그녀의 주된 섬김의 대상이었다. 한국전쟁 와중인 1952년에 지은 대전사회관은 평생 일관된 그녀의 마음을 보여준다. 1966년 파킨슨병에 걸린 레어드는 미국으로 돌아갔다.

한국의 슈바이처, 문창모(1907-2002)

평북 선천 출신의 문창모 선생은 세브란스에서 공부했다. 졸업 후 해주구세병원에서 선교사 셔우드 홀(Sherwood Hall)의 권유로 기독교에 입문한 후, 올곧은 의사와 항일운동가로서 살았다. 또한 홀 선교사의 뜻을 따라 결핵 퇴치 운동과 크리스마스 씰 운동을 전개했다. 이후 그는 서울 세브란스병원 원장, 원주기독병원 초대 원장을 역임하였다. 잠시 국

문창모 기념비

회에 진출하기도 했지만, 무엇보다 진실한 의사로 그는 죽기 1년 전까지 예수의 손에 이끌려 의사로서 사람들을 살렸다. 2002년 별세하였고, 같은 해에 정부가 국민훈장 무궁화장을 수여하였다.

강원도 영서남부

한국을 위해 몸바친 나애시덕 선교사

나 선생님은 사회사업 분야에서도 선구자적, 예언자적 역할을 하였다. 우리 한국 교회에서 오래 기억해야 할 분이다. 그분은 항상 전통적인 형식을 벗어났다. 그것이 무슨 선교사의 사업이냐는 비난을 받을 정도로 당시 선교사업이라면 병원이나 학교를 세워 의료선교사업이나 교육사업에 더 힘쓰고 있던 사실과 반대로, 에스더는 사회 밑바닥 사람들에게 관심을 두고 그들의 삶 속으로 들어가 일하셨다. 당시 사회관 설립의 개념이 없던 때, 사회관을 세우고 거기서 부녀자들에게 영양법 강의나 음식 만들기, 수놓는 것을 가르쳤다. 또 학비 없이 고생하는 아이들을 모아 그냥 장학금을 주는 것이 아니고 목공일을 시키고 장학금을 주는 기발한 생각을 가지고 있었다. 자립정신을 키워 스스로 일어설 수 있도록 한 것이다. 왜 그런 일을 그러한 방식으로 해야 되는지 전혀 이해할 수 없었을 때, 욕을 먹으면서도 앞서서 평생 사업으로 결행하신 것이다.

나 선생님은 아주 이지적인 분으로, 가까이 하기 어렵다는 인상을 주는 분이었다. 퍽 엄하고 무서운, 다소 박정하다고 할 만큼 칼날 같이, 후덕하지 않는 듯한 인상이었다. 돈 몇 푼도 어디다 어떻게 쓸 것이냐는 것을 따져 묻기도 하였다. 그러나 이것은 필요 이상의 낭비를 걱정한 이 분의 철저함과 무엇이든 정확한 분인 것을 보여주는 것이다. 전형적인 감리교인다운 훈련과 엄격성이 있었다. 그러나 한편 생각해 보면, 이 분의 신앙은 사회문제를 보는 것만큼 진보적이기보다 보수적이었다. 주일날 돈이 필요해서 갔더니 주일 날 돈 이야기하는 것이 아니라고 꾸중하셨다. 이런 것으로 미루어 보면, 우리는 흔히 보수적 신앙과 진보적 신앙을 둘로 분리시켜 생각하는데, 에스더는 둘 다 포용하는 신앙을 가지고 사셨다. 생각이나 행동은 진보적이면서, 신앙의 철저함은 흐트러짐이 없었던 것이다.

원주에서 행한 사업의 주력은 원주 기독교 사회관이었다. 영아원, 소녀 재봉클럽, 육아원, 도서실 등을 운영했던 원주 기독교 사회관 자리는 시장 근처의 대중이 제일 많이 들끓는 민중들의 삶의 처소였다. 잘 사는 사람들이 있던 곳이 아니라 문제가 많은 곳에 들어간 것이다. 사회관 안의 벽난로 위에 걸린 사진은 착한 사마리아 그림이었다. 나 선생님의 원주 생활을 한마디로 총괄하면, 교회 안에서 보다 교회 밖에서 더 많은 큰 일을 하신 분이라는 것이다. 그분을 추념하고 기억하는 일이나, 그분이 알려지기도 교회 안에서 보다 교회 밖의 분들에게 더 잘 알려져 있었다. 당시 남산요양원은 쉽게 올라갈 수 없는 곳에 있었는데, 재정적 어려움으로 집을 잘 못 지어 비만 오면 비가 새었는데, 나 선생님은 새벽이라도 비가 오면 올라가시곤 하였다.

나 선생님은 보수적 신학 시대에, 현실생활보다 신앙 자체를 더 중요시하던 것을 벗어나 사회복음에 관심을 두셨다. 이러한 나 선생님을 만난 분들은 지극히 영광이었다. 나 자신도 에스더의 영향으로 빈민굴에 들어가 살게 되었다. 그분은 허례허식을 싫어하였는데, 지금 와서 보면 더욱 그분의 기독정신, 복음 해석이 타당하고 바른 것이었다.

당시 한국교회의 추상화되어 가는 보수신앙이 병들어 있을 때, 에스더는 그러한 전통 속에서 뛰쳐나와 교회의 참 위치와 신앙 생활을 바로 가르쳐 주셨다. 병원과 학교를 주로 생각했던 당시 선교사업과 달리 잃은 양들을 찾아 현장에서 예수처럼 사신 분이었다. 전통적 교회기관 사업을 박차고 교회 밖으로 나아가 민중과 더불어 동고동락한 것은 아무리 해도 그분의 '그리스도의 고난에 동참'한 것이라 아니할 수 없다.

당시 일제의 압박이 혹독해 가던 때에 한국에 오셔서, 이차대전 때 한국을 잠정적으로 떠나 있어야 된다는 것을 그토록 마음 아파해서, 마지막까지 남아 있다가 마지막에 철수하였다. 귀국해서도 베데스다 병원에서 간호사 훈련을 받았다. 그분은 사회복지 분야 가운데 손을 안 댄 분야가 없다. 부녀자들을 사회 밑바닥으로부터 끌어올리려던 사업은 오늘 여성해방의 선구였다. 원주 다리 밑에서 기아를 주어다 집에 두었다. 허위자선이 아니고, 제도적으로 근본문제 해결의 모범이었다.

출처: 《한국을 위해 몸바친 나애시덕 선교사》, 이윤구 박사의 증언

1926년 이 땅에 오신 나 선생님을 기림

젖 없는 아기 찾아 밤새며 키우시고
깊은 병 앓는 이들 몸소 간호하셨고
길 잃은 젊은이들 꿈도 펴게 하시고
고달픈 이 쉴 집도 여럿 세우셨으니
크고도 따뜻하였어라 당신의 손길

당신 스스로는 병도 나이도 잊으신 채
한결같이 일에만 열중하시더니
아아! 이 곳 다시 못 오시고 끝내 가셨고녀
주님의 십자가를 늘 지신 당신의 뜻
사랑의 밀알 되어 이 땅을 채우리라

-에스터 레어드 기념비에 적힌 비문

원주세브란스 기독병원

주소 강원도 원주시 일산로 20(일산동 157-2) · **전화번호** 033-741-0114 · **홈페이지** www.wch.or.kr

원주세브란스기독병원은 1913년에 앨빈 앤더슨(Albin G. Anderson, 안도선) 선교사 부부가 일산동에 세운 서미감병원에서 출발하였다. 이후 원주 세브란스기독병원은 미국으로 이주해 온 스웨덴감리교회 신자들의 모금으로 1914년에 17개의 병상을 갖춘 지하 1층, 지상 3층의 붉은 벽돌건물을 완공하였다. '스웨덴 감리병원'(The Swedish Methodist Hospital) 또는 스웨덴의 한자어 '서', 미국의 한자어 '미', 감리교회의 한자어 '감'을 따서 '서미감'병원으로 불렸다.

이후 원주 서미감병원은 1933년 감리회 선교부의 사정으로 잠시 문을 닫았다가 1956년 캐나다연합교회 플로렌스 머레이(Florence J. Murray, 모례리) 박사와 미국감리교회 칼 쥬디(Carl W. Judy, 주덕)가 연합해 '원주연합기독병원'으로 다시 개원했다.

초대 병원장으로는 서울 세브란스병원 원장을 역임한 '한국의 슈바이처'라 알려진 문창모 박사가 임명되었다. 이후 세월의 풍상을 겪다가 1976년 연세대학교 의과대학 부속 원주기독병원으로 합병되었고, 2013년 원주세브란스기독병원으로 명칭을 변경하였다.

원주 세브란스기독병원은 해방 후 병원 설립에 기여한 머레이 박사와 쥬디 목사, 초대 병원장 문창모 박사를 기리기 위해 병원 구관을 '문창모 기념관', 신관을 '쥬디 기념관', 권역응급의료센터를 '모례리관'이라 칭하였다. 건물 앞뜰에는 머레이 박사 기념비와 문창모 박사의 흉상이 놓여 있다.

머레이 박사 기념비

플로렌스 머레이(Florence J. Murray, 모례리, 1894-1975)

1894년 캐나다 노바 스코시아주 팩토우 랜딩에서 태어난 머레이는 달하우시 의과대학을 졸업하고, 1921년 의료선교사로 내한하였다. 1922년 중국 북간도 용정제창병원, 1923년 함흥제혜병원에서 원장을 역임하며 캐나다 선교구역에서 주로 의료선교에 힘쓰던 중 1942년 일제에 의해 강제로 출국을 당했다. 해방 후인 1947년 한국에 다시 돌아와 1953년 세브란스병원의 부원장으로 일하다가, 1959년 원주연합기독병원을 창립하였다. 1959년에는 나환자 자활촌인 경천원을 설립하였다. 1961년에 본국으로 귀국했으나 1962년 한국으로 재입국해 1969년 캐나다로 영원히 귀국하기까지 한센병 진료를 위해 힘썼다. 머레이 선교사의 자서전 《리턴 투 코리아》, 《내가 사랑한 조선》이 2005년, 2009년에 각각 출간되었다.

서미감병원 100주년 기념비와 앤더슨 선교사

서미감병원의 옛 건물은 한국전쟁 때문에 소실 되어 현재는 그 흔적이 남아 있지 않다. 2013년에 병원 100주년을 맞아 서미감병원 옛터에 기념비를 세웠으며, 기념비에 설립자 앤더슨 선교사를 기념하는 동판을 더했다. 기념비 뒷면에는 앤더슨 선교사가 1914년 6월에 서미감병원의 설립에 관해 기록한 내용이 한글과 영어로 기록되어 있다.

기초공사가 1913년 4월에 시작되어 1913년 11월 15일 기한에 맞추어 완공되었습니다. 건물은 붉은색 벽돌로 지어졌으며 대리석으로 만든 창틀과 외장이 있으며 테두리는 흰색으로 칠하였습니다. 넓이는 가로 30피트, 세로 40피트(가로 9미터, 세로 12미터)며 2층 건물이고 지하실에 조명 및 위생시설이 갖춰져 있어 실제로는 3층 건물이라고 볼 수 있습니다. 건축비의 대부분은 미국 내 스웨덴 교회에서 모금되었고, 일부는 스웨덴에 있는 교회에서 모금되었습니다. -1916년 6월 앨빈 가필드 앤더슨

앨빈 앤더슨(Albin G. Anderson, 안도선, 1882-1971)은 1882년 미국 일리노이주 앤도버 출신으로, 1908년 노스웨스턴 의대를 졸업하고 1911년 미국감리회 의료선교사로 한국에 들어왔다. 이후 원주의 서미감병원, 서울 연세세브란스병원, 평양기홀병원에서 근무하였다. 그러다가 1941년 일제에 의해 강제로 추방당하였다.

원주 기독교 의료 선교 사택(일산사료전시관)

연세원주의과대학 기숙사와 강의동 사이에 위치한 붉은 벽돌 건물은 의료선교사 모리스의 사택으로 1918년에 지어졌다. 이곳은 원주 기독교 선교의 발상지이자 서구식 의료, 건축, 생활 등 근대 문명이 유입되는 통로 역할을 하였다. 이 일대에 세워졌던 많은 서구식 건축물 중에 이 건물이 유일하게 남아 이곳의 역사를 증언해 주고 있다.
이곳은 과거에 의료본부로도 사용되었고, 현재는 일산사료전시관이란 이름으로 2005년에 개관하였다. 여기에는 서미감병원의 초대 역사를 소개한 자료를 비롯해 초대 병원장이었던 문창모 박사의 유품이 전시되어 있다.

추방된 사람들의 마을_플로렌스 머레이

쥬디 목사는 나환자들이 사는 인근 마을로 나를 안내하였다. 언덕 자락의 마을 입구에는 경찰이 '나환자촌, 접근 금지'라는 간판을 세워놓았다. 이곳의 주민들은 마을에서 쫓겨난 나환자들이다. 정부에서는 등록된 환자들에게 소량의 구호음식을 배급하였지만, 그 양이 부족해서 음식을 더 구하기 위해 사람들은 할 수 있는 건 다 했다. 친척들에게 음식을 얻어 오고 가까운 읍내 거리에서 구걸도 하였고, 채소를 기르고 토끼와 닭도 길렀다. 내가 처음 경천원을 방문하던 그날은 배급이 연기되어 사람들이 이틀이나 굶고 있었다. …

어느 날 내가 또 다른 도울 일을 찾으려고 마을을 거닐고 있을 때, 어떤 남자가 문으로 고개를 내밀고 집안으로 들어오라고 했다. 나는 들어 갔다. "내 발을 잘라 주세요. 1년 동안이나 치료를 했는데도 낫지를 않아요. 없애 버리면 좋겠어요." 그가 말했다. 더러운 붕대 아래로 커다란 상처가 있고, 뒤꿈치와 인대와 뼈가 드러나 있었다. "내 생각에는 발을 절단할 필요가 없겠어요. 내가 당신 발을 소독해 줄께요." 내가 제안하였다. 열흘 후 개방상처는 봉합되어 있었다. 그 남자는 일어나 밖으로 걸어 나올 수 있었다. "이게 어찌된 일이냐?" 하고 친구들이 물었다. 환자는 대답했다. "음, 저 외국 할머니가 뭔가를 아는 것 같아!"

그 후에 그들은 진료소를 시작해 달라고 요청하였다. 그들은 버려진 군대 천막을 이용해 진료소로 사용할 집을 세웠다. 진료소 일을 시작한 지 이틀이 지났을 때 좌절을 맛보았다. 폭풍으로 낡은 천막이 날아가 버렸다는 말을 듣자 눈물조차 나오지 않았다. 나는 어디에 진료소를 다시 만드나 걱정하였다. 그러나 걱정할 필요가 없었다. 주민들은 조그만 창고 방을 깨끗이 비워 놓았다. …

이웃과 친척들에게 배척당하고 두려워 피하며 떠돌이가 되어 버린 나환자들에게, 만져 주고 치유를 해 준 예수의 이야기는 복음이었다. 한국 기독교인들은 이 복음을 격리된 마을의 불쌍한 사람들과 함께 나누었고, 이 복음을 들은 많은 사람들이 기독교인이 되었다.

교회는 그들이 갈 수 있는 유일한 곳이었고 실제로 모두 교회에 나갔다. 그들의 교회는 커다란 군용 천막이었다. 성도들은 그 천막 안에서 땅바닥에 멍석을 깔고 그 위에 앉아 예배를 드렸다.

교회예배의 대중기도에서 나는 놀랐다. 그들은 자신에 대한 연민이 없었다. 대신에 자신이 받은 것들, 집과 먹고 입을 것을 주신 것, 자신들이 받은 치료에 대한 감사와 이 모든 것을 주신 하나님에 대한 사랑으로 충만하였다. 자신들을 도와 준 모든 이들을 위해 기도하였고, 특별히 하나님 안에서 한 형제라는 이유로 얼굴도 모르는 자들을 도와 준 먼 나라 사람들을 위해 기도했다. 온 세상이 그 사랑을 알게 되어 우리와 같은 믿음을 가진 성도들이 되게 해 달라고 기도했다.

출처: 《리턴 투 코리아》(머레이 선교사의 의료선교 이야기)

원주 제2가나안 농군학교

주소 강원도 원주시 신림면 연봉정길 5(용암리 274-6) · **전화번호** 033-762-5090 · **홈페이지** www.canaanin.or.kr

가나안정신으로 무장된 복민 농민을 길러낸 가나안농군학교. 이는 김용기 장로가 당시 우리 민족의 과제였던 빈곤 극복과 기독교공동체 운동을 목표로 1954년에 경기도 광주군의 가나안농장을 세운 것에서 시작되었다. 김용기 장로는 1962년에 경기도 하남에 제1가나안농군학교를 설립하고, 이후 30여 년 쌓은 황무지 개간과 농장 경영을 더욱 많은 사람과 나누기 위해 1973년에 강원도 원주에 제2가나안농군학교를 세웠다. 가나안농군학교에서 김용기는 '농군'을 개척적이고 부지런한 농부의 정신을 가진 사람으로 규정하고, 성경에 나오는 가나안정신으로 무장된 사람을 길러내겠다는 결의를 다졌다.

오늘날에는 세계 12개국이 넘는 곳에 가나안농군학교를 세워 외국인 근로자를 지원하고, 동남아 선교 지원 사업 등을 전개하며 김용기의 사상을 실천하고 있다. 또한 일가 김용기의 뜻을 기리기 위한 일가재단을 만들어 일가 사상과 관련된 세미나를 개최하고, 논문연구 지원을 통해 김용기의 사상을 연구하고 일반인에게 전파하고 있다.

또한 국내에서 청소년교육원과 효도학교, 가나안세계효운동본부 등을 산하기관으로 두어 청소년들을 교육하며 민족 지도자를 키워내고자 노력하고 있다.

제2가나안 농군학교 안내지도

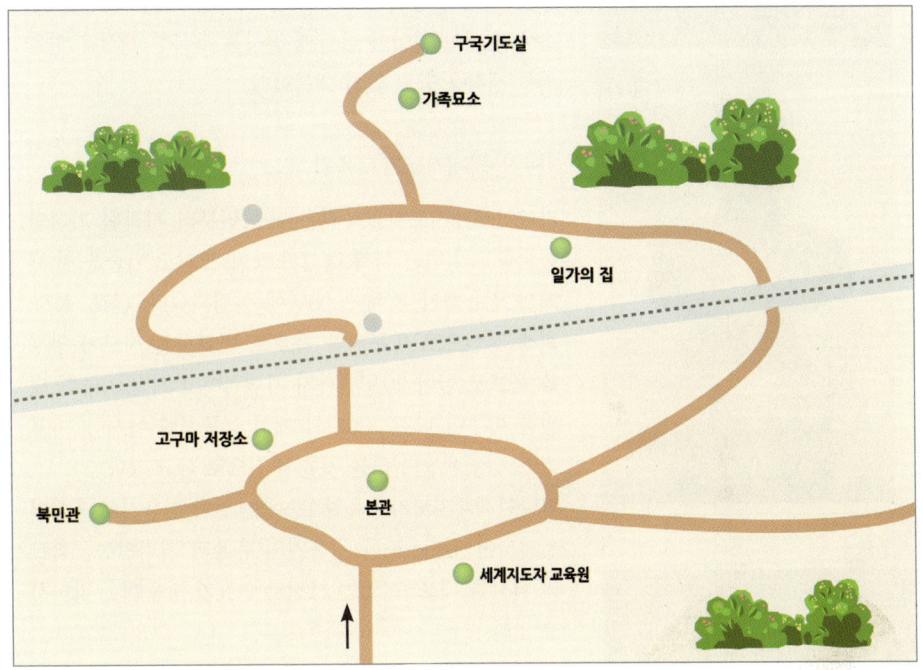

개척의 종

못 쓰는 산소통과 버려진 기차 레일을 재활용해 만든 개척의 종은 1954년 11월 18일 새벽부터 김용기 선생이 치기 시작해 대를 이어 현재까지 사용하고 있다. 이 종은 새벽마다 3번씩 10번을 타종하는데, 그 의미는 육체의 잠, 사상의 잠, 영혼의 잠을 깨우기 위해서이다. 이는 육체의 잠이 깊이 들면 물질의 도적을 맞게 되고, 민족사상의 잠이 깊이 들면 영토와 주권을 도적 맞게 되고, 영혼의 잠이 깊이 들면 영혼이 멸망하게 되기 때문이다. 이 종을 개척의 종이라고 부르는 이유는 게으르고 나태함 속에서 깨어 일어나 다함께 잘사는 행복한 세상을 만들자는 생각을 담고 있기 때문이다.

가나안세계지도자교육원

가나안세계지도자교육원은 1931년부터 시작된 가나안농군학교의 빈곤 극복 정신과 경험, 그리고 기술을 전 세계와 공유하기 위해 2008년에 설립되었다. 근로, 봉사, 희생 정신으로 황무지를 옥토로 변화시킬 지도자 양성을 목표로 삼아 2030년까지 자립적이고 지속 가능한 발전을 이루어 나갈 100개의 개척 공동체를 아시아, 아프리카, 남미에 건설하는 것을 비전으로 삼고 있다.
가나안세계지도자교육원 1층에는 일가 김용기의 흉상이 전시되어 있다. 또한 김용기의 유물과 가나안농군학교의 역사를 배울 수 있는 사진과 연표가 방문객을 맞이하고 있다.

일가의 집과 구국기도실

김용기의 호를 뜻하는 '일가'의 집은 김용기 선생이 살던 13평의 작은 사택이다. 아궁이가 없고 벽을 2-3배로 두껍게 만들었으며, 천장을 낮게 만들어 낮에 들어온 열기가 밖으로 빠져나가는 것을 최소화했다.

기독교유적

사택 마당에 세로로 세워진 돌들은 생명 없는 돌이지만 누워 있지 말라는 교훈을 담고 있으며, 돌 위에 돌을 얹어 놓은 것은 서 있지만 말고 일을 하라는 의미를 담고 있다.

김용기 선생은 지나치게 큰 묘로 인해 땅이 죽어 있는 사람을 위한 땅으로 바뀌는 것을 안타깝게 여기면서 반 평짜리 작은 묘를 생전에 만들어 놓았다. 이곳에 김용기 선생의 형제들과 부모님, 그리고 조부모님까지 총 14명이 묻혀 있다.

김용기 장로는 평생 나라와 민족을 위해 기도했다. 기도의 삶을 이어가려고 만든 십자가 모양의 구국기도실은 1975년 3월부터 김용기 장로가 매일 새벽 4시부터 6시, 오후 4시부터 6시까지 하루 두 번, 하루 4시간씩 나라와 민족을 위해 기도하던 곳이다. 구국 기도실 좌우 기둥에는 "조국이여 안심하라", "온 겨레여 안심하라"는 문구가 쓰여 있다.

고구마 12개월 저장소

일제 강점기에 일본의 강제적인 쌀 공출이 시작되자 김용기 선생은 쌀농사를 폐지하고 자연재해를 잘 견디고 여러 가지 요리가 가능한 대체 식량으로 고구마를 재배하였다. 그러나 고구마를 어떻게 1년 동안이나 저장하느냐가 문제였다. 당시 우리나라는 물론 일본에도 고구마를 저장할 수 있는 기술이 없었기 때문에 다음 수확기까지 먹을 식량을 확보할 수가 없었다. 그래서 약 7년 동안 500여 가마니의 고구마를 썩혀 가면서 11-13도를 유지하는 저장고를 고안하였다. 이런 의미에서 이곳의 고구마 저장소는 개척정신, 애국정신, 항일정신의 상징이라 할 수 있다. 농군학교는 지금도 일년에 3번 3·1절, 8·15 광복절, 그리고 농군학교 개교기념일인 3월 13일에 고구마를 먹으며 그 의미를 다시 되새기고 있다.

"한 손에 성경을, 또 한 손엔 괭이를" 한국의 가나안을 꿈꾼 김용기

기도로 살린 아들을 민족을 구할 농사꾼으로 만든 아버지

김용기는 1912년 경기도 양주군 와부면 봉안 마을에서 중농인 김춘교의 넷째 아들로 태어났다. 그의 아버지는 김용기가 원인을 알 수 없는 병으로 어려움을 겪고 있을 때, 한 전도인으로부터 받은 전도지의 요한복음 3장 16절 말씀에 감동을 받고 기독교를 믿게 되었다. 그리고 불치병에 걸린 아들 김용기를 위해 간절히 기도했는데, 이때 김용기가 기적적으로 병에서 낫게 되었다.

김용기는 8살에 3·1만세운동을 겪었다. 부친은 마을의 만세운동을 주도하였는데, 당시 3-400명을 이끌고 덕소까지 가는 모습과 태극기의 물결을 보면서 김용기는 어린 나이에도 조국의 소중함을 느낄 수 있었다. 김용기는 14살에 양주 광동중학교에 입학했는데, 이 학교는 몽양 여운형이 민족계몽을 위해 설립한 학교이다. 해방 직전 김용기는 여운형을 봉안마을에 모셔와 섬길 정도였고, 그의 영향을 받아 더욱 깊은 민족애를 길렀다.

양주 광동중학교를 졸업한 김용기는 서당의 전통교육, 광동학교에서의 근대교육, 아버지를 통한 신앙과 민족주의 의식을 가지고 중국에서 힘을 키워 일본을 정복하겠다는 포부를 지닌채 만주로 갔다. 그러나 선양 서탑교회를 섬기던 이성락 목사의 종용으로 한국으로 다시 돌아오고 말았다. 23살, 한참의 나이에 김용기는 자신에게 신앙과 조국을 사랑하는 마음을 심어준 아버지를 잃었다. 그의 아버지는 창세기 3장 16절 말씀에 근거해 "농사꾼이 되라."는 유언을 그에게 남겼다.

> 우리나라의 경우, 지식인일수록 농사를 지어야 한다. 농사야말로 산업의 원동력인데, 역대로 지식인들이 농사를 기피하고 무식한 촌맹들만 이 농사일을 해왔기 때문에 우리나라의 경제 문명 등이 후진성을 불면케 되어 결국 일인들의 식민지가 되었다. 우리의 주권을 회복하려면 먼저 경제자립을 해야 한다. 그렇게 되려면 곧 지식인이 농사에 참여하여 농산물을 증산하는 길밖에 없다.

김용기는 아버지의 유언대로 농사를 평생 천직으로 알고, 농사일에 종사하면서 농민을 계몽한 농촌운동가의 삶을 살았다.

십가촌에서 고구마 투쟁까지, 나라와 민족을 위한 이상촌

아버지의 유언대로 김용기는 농촌을 지상낙원으로 만들기 위해 이상촌을 세울 것을 계획하고, 자신의 고향 봉안 마을 앞에 위치해 있는 산 4,100평을 구입하는 것을 그 시작점으로 삼았다. 이상촌 입주가 시작되면서 그 가구수가 10가구가 되어 이를 '십가촌'이라고 불렀다. '십가촌'으로 시작한 김용기의 이상촌이 일제강점기에 기독교 신앙을 바탕으로 민족애로 뭉쳐진 공동체였다는 점은 주목할만하다. 이상촌 사람들은 신앙을 갖고 동지애를 기르며 이를 한국 전체에 펼치고 싶었다. 그렇지만 그런 꿈과 이상이 쉽지만은 않았다. 봉안교회 장로였던 김용기는 신사참배와 동방요배를 끝까지 거부해 경찰서에 끌려가 고문을 당하기 일쑤였다.

김용기는 일제의 어떤 압제에도 굴하지 않고 농민동맹을 결성하였다. 1944년 경기도 용문산에서 동네 각부 농민대표들이 회동해 공출을 반대하고, 징용에 응하지 않을 구체적인 계획을 세웠다. 우선은 각 군, 면, 리가 단합해 징용이나 징병 해당자를 서로가 교환해 숨기거나 기피하게 하기로 했고, 공출에 반대하기 위해 논농사 대신 밭농사를 지어 식량으로 삼자고 했다.

황무지를 옥토로 만든 가나안농장 개척자

김용기는 고향 봉안의 이상촌 건설을 시작으로 평생에 걸쳐 총 다섯 군데에서 황무지를 개간해 옥토로 만들었다. 해방 후에는 두 번째로 1946년 경기도 고양 은평면에 삼각산 농장을 개척했는데, 정부도 그의 개척 능력을 인정해 농림부장관이 그를 초청해 농촌진흥협회 간부들을 대상으로 강연을 하기도 했다. 세 번째는 1952년 경기도 용인군 원삼면에 6만평을 개간해 '에덴향농장'을 건설했는데, 이곳에는 교회와 복음고등농민학원을 세워 신앙과 민족을 강조했고, 심지어 생활헌장을 만들어 교육의 기초로 삼았다.

넷째로 김용기는 1954년 경기도 광주군에 가나안농장을 설립했는데, 이것이 오늘날 하남시에 위치한 제1의 가나안농군학교이다. 그는 주변 농민들을 위해 영농강습회를 열고 농사 기술을 가르치고 가나안교회와 소생학교도 설립하였다. 그는 이곳에서 5개년 개간계획을 세워 8천 평의 땅을 개간하는데 성공하였다. 딸기, 토마토, 양배추, 고구마, 감자, 양계, 양봉 등 다각적인 방법으로 농장운영에 성공해 많은 사람들이 이곳을 방문했다. 심지어 군사정부의 재건운동 요원 3천여 명이 찾아와 교육을 받을 정도였다.

농사꾼 외길 인생을 걸은 김용기는 1962년 30여 년 쌓은 황무지 개간과 농장 경영을 보다 많은 사람과 나누기 위해 가나안농군학교를 건설했다. 당시 박정희 최고회의 의장이 방문해 견학할 정도로 그는 한국농촌운동의 나침반이었다.

"일하기 싫어하는 자는 먹지도 말라", 복민(福民)을 꿈꾼 선각자

30여 년에 걸쳐 이룬 김용기의 업적은 그저 생긴 것이 아니었다. 그는 아침 4시에 일어나 밤 10시에 잠자리에 드는 고달픈 생활을 자처하며 "일하기 싫어하는 자는 먹지도 말라"는 하나님의 말씀을 스스로 먼저 실천하였다. 심지어 그는 몇 차례의 개간 생활에서 식기를 1, 2, 3호로 등급을 매겨 노동의 경중에 따라 식사량을 달리했을 정도였다.

김용기는 1973년 강원도 원주군 신림면에 생애 마지막 이상촌 '신림동산'을 개척했다. 그 곳에 제2의 가나안농군학교를 개간했고, 재단법인 가나안복민회를 설립해 복민운동, 즉 '민초들을 복되게 하는 운동'을 폈다.

제2가나안농군학교 개척 당시(1973년) (출처:재단법인 일가재단)

김용기의 사상의 핵심은 '복민주의'로 정리할 수 있는데, 이는 애굽으로 상징되는 억압과 빈곤, 무지로부터 우리 민족을 해방시켜 가나안으로 상징되는 젖과 꿀이 흐르는 복지로 인도하겠다는 것이었다. 한마디로 백성들을 복되게 하겠다는 것으로 요약할 수 있는 것이 김용기가 꿈꾸고 실천한 이상촌 건립의 목표였다.

최초의 농민장, 그리고 일가(一家)재단

김용기는 한 손에는 성경을, 한 손에는 괭이를 들고 평생 황무지 개척에 힘썼다. 한평생 농민운동가로 산 김용기는 문화공보부장관이 주는 향토문화공로상, 필리핀의 라만 막사이사이상(사회공익부분), 새마을훈장 협동장(대통령) 등 많은 상을 받았다. 1988년 소천한 김용기는 우리나라 최초의 농민장으로 장례가 치러졌다.

기독교유적

김용기가 건설한 가나안농장과 가나안농군학교는 그의 후손들이 이어 그 정신을 해외까지 전파하고 있다. 그의 사후 후손과 지인들은 "땀 흘려 일하고 더불어 사랑의 공동체"를 가꾼 일가 김용기의 뜻을 기리기 위한 일가재단을 만들어 일가사상 세미나 논문연구 지원을 통해 김용기의 사상을 연구하고 나누고 있다. 또한 세계 12개국이 넘는 곳에 가나안농군학교를 세워 외국인 근로자를 지원하고 동남아 선교 지원 사업 등을 전개하며 김용기의 사상을 실천하고 있다.

또한 매년 일가상 시상 등을 통해 일가사상을 전파하고 있다. 일가상은 한국인은 물론 외국인이라도 아시아 지역의 발전을 위해 봉사한 사람은 누구든 수상자가 될 수 있다. 시상에는 농업기술과 농촌사회 발전에 기여한 사람에게 수여하는 농업부문, 산업의 발전과 근로환경 및 복지에 탁월한 업적을 이룩한 사람에게 수여하는 산업부문, 소외된 사람과 낙후된 분야를 위해 봉사하거나 사회일반의 복리증진에 크게 기여한 사람에게 수여하는 사회공헌부문, 그리고 공동체에 대한 공헌과 의식교육 등을 통해 일가 정신을 현대에 구현하는 청장년 실천가에게 수여하는 청년일가상이 있다. 일가상은 매년 9월 첫째주 토요일에 시상하며, 2020년까지 30회의 시상식이 진행되었다.

가나안 복지 헌장

(1) 음식 한끼는 반드시 4시간씩 일하고 먹자. 사람은 일하기 위해서 태어났다. 그러므로 일하기 싫은 사람은 먹을 자격이 없다. 그것은 조물주 하나님의 명령이다. 이 세상에는 땀 흘림이 없이 먹이가 생기지 않는다. 남의 일한 소산을 거저 먹는 것은 도둑의 짓이다. 네 시간씩 일하고 먹어라 함은 3시간 일하라 함이며, 특히 아침도 일찍 일어나 반드시 일하고 먹어라 함이다.

(2) 버는 재주 없거든 쓰는 재주도 없도록 하자. 버는 재주 없이 쓰는 재주만 있는 사람이 끼치는 피해는 무위도식자보다 더 크다. 돈의 축적은 잘 벌어서 되는 것이 아니고 잘 절약해서 되는 것이다. 돈을 잘 버는 비결이란 마치 높은 나무에 올라가 한 손으로 그 나무 가지에 매달릴 때와 같이 돈을 쥐는 것이다. 가지에서 손을 놓으면 떨어져 죽듯이 돈도 손에서 놓으면 죽는다고 생각하고 꼭 움켜쥐면 된다.

(3) 억지로 못 살지 말고 억지로 잘 살도록 하자. 원래 조물주는 인간을 만들기 전에 먼저 이 지구상에 많은 재화부터 가득 채워 놓았다. 그리하여 일일이 수저질까지 해 줄 수는 없으므로 스스로 갖다 먹도록 인간에게만 손을 만들어 놓았다. 땀을 많이 흘리고 부지런히 손을 놀리면 더욱 잘 먹고 살도록 되어 있고, 반대로 땀을 덜 흘리는데 비례하여 못 먹고 못 살게 되어 있다.

(4) 물질과 권력과 지식과 기술을 올바로 쓸 줄 아는 국민이 되자. 물질, 권력, 지식, 기술 등을 우선 자신을 위하여 올바로 쓰고 남게 되면 남을 위하여, 즉 물질은 물질 없는 사람을 위하여, 권력은 권력 없는 사람을 위하여, 지식은 지식 없는 사람을 위하여 기술은 기술 없는 사람을 위하여 쓰는 것이 가장 올바르게 쓰는 것이다. 그럴 때만이 그것들은 모두 제 값을 드러내어 빛을 낸다.

(5) 물질의 빚이나 마음의 빚을 지지 말자. 예수는 올바로 사는 방법을 몸소 자신의 행동으로 모두 보여 주었다. 예수의 행적은 곧 근로, 봉사, 희생의 행적이다. 근로하면 물질의 빚을 지지 않고 봉사하면 마음의 빚을 지지 않고, 희생하면 하나님의 보응을 받게 되는 것이다.

(6) 우리 국민이 뛰어남을 말과 마음과 일과 행동으로 드러내자. 국가는 국민 개개인들로 구성되며 국가의 장래는 개개인의 행위에 의해서 좌우된다. 국가의 부흥, 퇴폐는 오직 국민들의 손에 달렸고 국민의 마음속에 달려있다. 자기를 이롭게 하는 것이 나라를 이롭게 하는 길이며, 자기를 사랑하는 것이 나라를 사랑하는 길이다. 농사꾼은 농사 일에 충실하고, 공무원은 맡은 공무에 충실하고 장사꾼은 그 장사에 충실하고 운동선수는 운동에 충실하되

애국하는 마음으로 하라.

(7) 외모만을 아름답게 단장 말고 마음을 더 아름답게 단장하자. 외모를 단장하는 것은 꾸밈이고 마음을 단장하는 것은 인격의 연마다. 작부는 외모를 단장하고 군자는 마음을 단장한다. 외모의 단장은 곧 지워지지만 마음의 단장은 죽을 때까지 지워지지 않는다. 외모의 단장은 도금이고 마음의 단장은 그 자체가 금 덩어리이다.

(8) 시대적인 외세 유행에 따르지 말고 우리 국민의 시대적인 감각을 바로 살리라. 무조건 외세 유행만 따르면 자기 나라 문화가 없어지고 마침내는 나라가 없어지고 자신도 없어진다. 그렇다고 시대의 감각을 무시하고 고유 문화만을 고집해서도 안 된다. 그것만을 너무 고집하면 고루 야비하여 뒤떨어지기 때문이다. 시대의 감각에 맞추어 알맞게 고쳐 나가면 된다.

(9) 국토통일보다 먼저 가정과 단체 통일부터 하자. 화합, 단합은 누가 시켜주거나 강제로 해서 되는 것이 아니고, 오직 스스로의 사랑으로써만 이루어 지는 것이다. 국토통일도 누가 시켜주거나 무력으로써는 가능치 않다. 오직 사랑으로써만 가능하다. 진정한 통일은 오직 사랑으로써만 이루어진다.

(10) 하라고 하는 국민이 되지 말고 스스로 하는 국민이 되자. 위정자는 스스로 실천하라. 백 마디의 연설 보다는 지도자의 단 한 번의 솔선수범이 필요한 것이다. 부모는 들어앉아서 자식에게만 시키지 말고 스스로 행하라. 부모가 먼저 하는데 따르지 않을 자식이 어디 있겠는가.

(11) 육체의 잠이 깊이 들면 물질을 도적 맞게 되고, 민족 사상의 잠이 깊이 들면 영토와 주권을 도적 맞게 되고, 심령의 잠이 깊이 들면 영혼이 멸망하게 된다. 육체의 눈을 항상 똑바로 떠 후일을 위하여 재화를 지키고 민족 사상의 눈을 똑바로 떠 영토와 주권의 도적을 지키고 심령의 눈을 바로 떠 하나님을 공경하며 삼음으로써 이 세상에서도 잘 살고 저 세상에서도 잘 사는 사람이 되어야 할 것이다.

(12) 창조주 하나님을 외국 사람에게 빼앗기지 말고 우리 온 국민의 아버지로 삼자. 하나님을 진실로 믿고 그 두려움을 아는 나라로서 못 사는 나라는 이 지구상에 단 한 나라도 없다. 하나님을 믿고 섬기며 그 하나님을 중심으로 함께 사랑으로써 굳게 단결하여, 하늘나라를 건설하여 후손에게 물려 주자.

원주 박경리문학공원

주소 강원도 원주시 토지길 1(단구동 1620-5) · **전화번호** 033-762-6843 · **관람해설(무료)**: 오전 10시 ~ 오후 5시 · **휴관** 1월 1일, 설날, 추석, 매월 넷째주 월요일

원주 박경리문학공원은 박경리 작가의 옛집이 1989년 택지개발지구로 편입되어 자칫 역사의 뒤안길로 사라질 것을 염려한 문화계 인사들의 건의에 따라 작업을 시작해 1999년 5월 완공되었다.

박경리는 1980년 서울을 떠나 원주 단구동으로 이사를 와서 살았다. 그녀는 이곳에서 한국문학사의 중요한 작품인 소설 《토지》(土地)의 4부와 5부를 집필해 1994년 8월 15일 대단원의 막을 내릴 수 있었다. 박경리는 경상남도 통영에서 출생했지만, 원주에 대단한 매력을 가지고 있었고, 이곳을 '근원이 되는 땅'이라 여기고 그 근원의 땅에 터를 잡고 많은 집필활동을 하였다.

박경리 선생 옛집

박경리문학공원에는 박경리 선생이 18년간 살면서 소설《토지》를 완성한 옛집과 정원, 집필실 등이 원형대로 보존되어 있다. 옛집 입구에는 손주들을 위해 자신이 직접 만든 연못이 있고, 마당 한 켠에는 선생이 가꾸던 텃밭이 그대로 남아 있다.

건물은 원형 그대로 보존하며 내부 및 외벽을 일부 보수하였다. 1층에서는 선생님이 생활하던 자취를 볼 수 있으며, 2층은 문학 및 예술 동호인들의 사랑방으로 활용하고 있다.

박경리문학의집

2010년 8월 15일 박경리문학의 집을 개관하면서 대문호의 일상과 삶의 자취는 물론, 평생을 바쳐 집대성한 거대한 문학의 산맥을 한 자리에서 모두 느끼고 갈 수 있는 공간이 마련되었다.

2층 전시실은 '박경리와 만나다'는 주제로 생전의 작가 모습을 볼 수 있는 사진과 유품을 전시했다. 3층 전시실은 '토지에 들어서다'는 주제로 소설《토지》를 구체적으로 살필 수 있는 이미지를 전시하고 있다. 4층 자료실은 전시공간에서 미처 접하지 못한 박경리 선생의 삶과 작품을 연구하는 공간으로, 5층은 세미나실로 운영하고 있다.

박경리 선생 옛집

박경리문학공원에는 박경리 선생이 18년간 살면서 소설《토지》를 완성한 옛집과 정원, 집필실 등이 원형대로 보존되어 있다. 옛집 입구에는 손주들을 위해 자신이 직접 만든 연못이 있고, 마당 한 켠에는 선생이 가꾸던 텃밭이 그대로 남아 있다.

건물은 원형 그대로 보존하며 내부 및 외벽을 일부 보수하였다. 1층에서는 선생님이 생활하던 자취를 볼 수 있으며, 2층은 문학 및 예술 동호인들의 사랑방으로 활용하고 있다.

박경리문학의집

2010년 8월 15일 박경리문학의 집을 개관하면서 대문호의 일상과 삶의 자취는 물론, 평생을 바쳐 집대성한 거대한 문학의 산맥을 한 자리에서 모두 느끼고 갈 수 있는 공간이 마련되었다.

2층 전시실은 '박경리와 만나다'는 주제로 생전의 작가 모습을 볼 수 있는 사진과 유품을 전시했다. 3층 전시실은 '토지에 들어서다'는 주제로 소설《토지》를 구체적으로 살필 수 있는 이미지를 전시하고 있다. 4층 자료실은 전시공간에서 미처 접하지 못한 박경리 선생의 삶과 작품을 연구하는 공간으로, 5층은 세미나실로 운영하고 있다.

테마공원

박경리문학공원 내에는 소설《토지》의 배경을 옮겨놓은 3개의 테마공원〈평사리 마당〉,〈홍이 동산〉,〈용두레벌〉이 꾸며져 있다.

평사리마당은 소설《토지》속에 등장하는 주인공들의 고향인 평사리의 들녘이 연상되도록 섬진강 선착장, 둑길 등이 아담하게 조성되어 있다.

홍이동산은 아이들이 자유롭게 뛰놀 수 있는 동산이라는 의미로서《토지》속의 대표적 아이 주인공인 홍이에서 따온 이름이다.

용두레벌은 소설《토지》2부의 주요 배경지로 작품 속의 이국땅인 중국 간도 용정의 이름을 낳은 용두레우물과 간도의 벌판에서 연유한 이름이며 일송정, 용두레우물, 돌무덤, 흙무덤 풍경 등으로 구성되어 있다.

공원 내에 북카페에는 박경리 선생의 책자는 물론 다양한 서적을 볼 수 있고, 북카페 2층에는 일제강점기 교과서와 자료들을 전시하여《토지》의 주요 시대적 배경을 볼 수 있는 특별전시장을 마련하였다.

자연은 생명을 길러주는데 우린 삶을 무엇으로 채우나_박경리

농민의 증악감에

작년에는 고추를 늦게 심어 수확이 적었다. 해서 금년에는 서둘렀고, 모종이 자라기가 바쁘게 그동안 장만해 두었던 고춧대를 매일 1백 개, 혹은 50개쯤 세워서 묶어주는 데 며칠이 걸렸다. 가랑비를 맞으며 1백 개 이상 고춧대를 세우는 아침이면 허리가 아팠다. 어떡하든 고추를 많이 따야겠다고 작심한 만큼 가물 때는 물을 대주고 풀을 뽑아 주고 밑가지를 잘라 주고 내 딴에는 최선을 다했는데 까닭 모르게 말라 죽는 것이 있어서 속이 상했다. 자식 기르듯했던 것들이 생산비도 못 건진 채 장바닥에 나뒹굴고, 값으론 따질 수 없는 보살핌의 나날을 생각한다면 앉아서 편하게 사 먹는 도시인에 대하여 증오감이나 모멸감을 가진들 할 말이 없을 것 같다. 오늘의 현실은 유식한 도시인에 대하여 경의를 표하는 농민이 없다. 지난 일요일이었던가, 닭똥을 경운기로 여덟 번 들여왔다. 이웃 양계장에서 친절하게 가져가라는 말을 듣고도 농번기라 경운기 사정이 여의치 않아 차일피일하는 사이 비가 오시고, 때문에 실어온 닭똥은 그야말로 물렁죽이었다. 실어 온 아저씨 말씀으론 왕겨나 짚을 넣어야 거름으로도 좋고 옆으로 퍼지지도 않는다는 것이었다. 그러나 갑자기 왕겨나 짚을 구해올 방도가 없었다. 다음날엔 비가 오셨다. 엉겁결에 비닐을 덮기는 했으나 워낙 넓은 면적을 차지하여 다 덮지 못했고 냄새가 요란했다. 비가 멎는 것을 보고 말릴 요량으로 비닐을 걷었다. "할머니, 냄새가 나." 오디를 따다가 하는 둘째 손자의 말이었다. "우리 아기도 밥 먹고 자라지? 닭똥은 나무랑 채소의 밥이란다. 나무랑 채소도 밥을 먹어야 자라요."

비 오신다는 예보

일기예보는 며칠 새 또 비가 오신다고 했다. 장마철로 접어들기라도 한다면 온 뜰 안이 닭똥죽으로 질퍽거릴 판국이다. 나는 몸뻬를 입고 고무장갑을 끼고 밖으로 나갔다. 리어카를 끌고 2, 3년 동안 모여서 피라미드처럼 쌓아놓은 풀을 나르기 시작했다. 닭똥 중심부에 풀을 깔고 언저리의 것을 삽으로 걷어 올리는데, 닭똥은 삽에 붙어 잘 떨어지지도 않거니와 떠올려지는 것도 적어서 힘만 들었지 며칠 몇 날을 해도 진도가 있을 것 같지 않다. "에라 모르겠다! 토지의 송관수는 맨손으로 인분을 쓸어 담았는데 고무장갑을 끼고 이걸 못해?" 두 손으로 가장자리의 닭똥을 공처럼 뭉쳤다. 그리고 풀을 깔아놓은 중심을 향해 던졌다. 풀이 묻으면 다시 두 손으로 꽉꽉 뭉친 닭똥을 계속해서 던졌다. 반나절이나 그 짓을 되풀이하다 보니 닭똥이 깔린 면적은 좁아지고 어지간히 피라미드에 가까워졌다. 몸을 씻고 옷을 갈아입었으나 냄새가 배어 고약했다.

커피 한잔을 끓여 나무 밑 벤치에 앉아서 마셨다. 팔은 철봉을 매단 듯 무거웠지만 기분은 상쾌했다. 그러나 하룻밤을 자고 보니 그 피라미드는 다시 평평해져 있지 않은가. '할 수 없지.' 비닐을 씌웠다. 노력은 전적으로 헛되지는 않았다. 비닐 밖으로 비어져 나오는 것은 없었으니까. 더이상 땅에 깔리지 않게 큰 돌 수없이 날라다 비닐 둘레에 쌓아 올렸다.

치유받은 내 영혼

생각해보면 기막히게 고달픈 작업이었다. 그런데도 외로움이나 한탄이 없는 자신이 이상했다. 자연은 과민하고 상처받기 쉬운 내 영혼을 언제 이토록 실하게 치유해 주었을까. 내 뜰은 생명으로 충만되어있다. 해충을 이겨낸 나무와 채소는 눈이 시리도록 푸르고 마이신으로 길들여진 중병아리 열한 마리는 우리 집에 온 뒤 그 중 여섯 마리가 나가떨어졌지만 나머지 다섯 마리는 약 같은 것 없이 햇볕 보고 야채 먹으며 잘 자라주고 있다. 고추며 옥수수며 모조리 결판을 내던 들쥐를 퇴치하는 고양이 가족, 밤에는 짖어주는 강아지, 발소리가 나면 웅덩이에서 건져온 모기의 유충과 실지렁이를 받아먹으려고 모여드는 붕어들. 이들을 거둬 먹이는 것으로 아침이 열린다.

또 있지. 얼마 전에 고춧대를 세우는데 바닷속으로 가라앉았다는 전설의 이상향 '아틀란티스'라는 낱말이 머릿속에 퍼뜩 떠올랐다. 그 순간 "아들락스! 아들락스!" 개구리의 울음소리가 귀청을 찢었다. 무의식중에 그 소리가 '아틀란티스'를 상기하게 했는지 모른다. 까맣고 못생긴 개구리, 웅덩이 속에서 그들은 일군을 이루어 울고 있었다. 큰 손자의 말이 그놈들은 개구리가 아닌 맹꽁이라고 했다. 다음날엔 그 요란한 소리가 들리지 않았다. 가보았더니 맹꽁이들은 간 곳이 없고 수면에 수없이 많은 알이 떠 있었다. 알은 다음날 올챙이로 변해 있었다.

"할머니, 물 빠지면 올챙이들 다 죽어요. 꼭 물 넣어 주세요. 꼭이요." 양회로 발라 놓은 그 옆 완성되지 않은 연못 웅덩이에 우글우글하는 올챙이들을 옮겼는데 걱정이 된다. 양회가 미처 우러나지 않았던 곳이어서 죽으면 어쩌나. 그래 못쓰게 되어 방치했던 목욕탕 욕조에 물을 붓고 더러는 그곳에도 올챙이를 옮겼다. 손자가 무섭기도 했고, 다 같은 웅덩이건만 흙바닥인 곳에만 알을 까는 맹꽁이가 신비스럽기도 했다. 어쨌든 올챙이는 모두 건재하다. 자실이 가득 채워주는 생명, 참으로 외경스럽다.

참으로 옳게 사나

우리 집에서 한참을 더 들어가면 황폐한 과수원이 있다. 수령을 다 했는지 큰 나무들은 상품 가치가 없는 열매를 약간씩 달고 임종을 기다리는 노인처럼 음산해 보였다. 인적이 없는 폐원, 그곳이 내 마음을 끌었다. 더 들어가고 싶다! 항상 해보는 생각인데 내 힘에도 한계가 있고 현재의 집은 처분될 가능성도 없으니. 나는 벼랑 끝까지 온 사람처럼 이 집에 못박힐 수밖에 없겠다. 큰집은 나를 누르고 핍박하는 무게지만 그러나 뜰에 충만된 생명들은 다정스런 내 벗이며 혈육 같은 것, 내 뜰 안에서만이라도 독식을 막으며 생명을 잇게 하는…. 그러나, 그러나 과연 이것만으로 나는 옳게 살고 있는 것일까.

출처: 〈중앙일보〉(1984.7.6)

영월 강원도탄광 문화촌

주소 강원도 영월군 북면 밤재로 351(마차리 786-4) · **전화번호** 033-372-1520~1 · **홈페이지** www.ywmuseum.com · **이용시간** 동절기(11월~2월) 10:00~17:00 하절기(3월~10월) 10:00~18:00 · **휴관** 매주 월요일, 1월1일 · **입장료** 어른 2,000원, 청소년·학생, 군인 1,400원, 어린이 1,000원

강원도탄광문화촌은 과거 번성했던 석탄 산업과 탄광촌 광부들의 생활상을 엿볼 수 있는 박물관마을이다. 탄광촌 생활관은 마차리의 옛 모습을 그대로 복원해 놓았고, 갱도 체험관에서는 석탄 채취를 위해 위험한 갱도에서 일했던 광부들의 삶을 간접 체험할 수 있다.

강원도탄광문화촌은 다양하고 편리한 에너지원이 가득한 세상 속에서 살고 있는 요즘 아이들에게 다소 생소할 수 있는 석탄과 그 석탄을 채취하는 과정을 알려주는 교육의 장이 될 것이며, 선배 세대가 이룩한 산업화 과정을 공부할 기회를 제공할 것이다. 동시에, 어른들에게는 옛 추억에 잠길 수 있는 시간을 제공한다.

역사 문화 유적

생활관에는 과거 마차리를 실제로 옮겨놓은 듯한 사택, 마차상회, 이발관, 배급소, 복지회관, 버스정류장 등이 실감나게 재현되어 있어 당시 광부들의 삶을 간접적으로 경험할 수 있다.

탄광은 주 1일 단위로 갑방(08:00~16:00), 을방(16:00~24:00), 병방(24:00~08:00) 등 순환제로 교대 근무를 했으며, 가족들 또한 탄광 근무 시간에 맞춰 살아야만 했다. 탄광촌은 교통이 불편해서 생필품이 항상 부족하였다. 이런 이유로 광산이 호황기였던 시절 마차상회는 만물상회였다. 각종 야채류, 곡물, 생필품류, 학용품, 장난감까지 판매하였다. 또한 외상거래가 많았는데 나중에 월급에서 공제가 되었으므로 광부들의 소비생활을 원활하게 도와주었다.

마차리는 마차광업소의 배후마을이었다. 한국 근대화의 출발을 알린 60-70년대 석탄산업이 최고로 번성할 무렵 사람들은 마차를 제2의 명동이라 불렀다. 당시의 최신 유행과 자본, 몰려드는 사람들로 마차의 규모는 여느 대도시 못지 않았다.

탄광촌 생활관에서 갱도체험장으로 이동하는 길에는 야외 채탄시설 전시장이 있다. 채굴된 광석과 석탄을 운반하는 광차, 광부들을 작업장까지 수송하는 인차 등이 전시되어 있고, 한쪽에는 미광, 버럭이라고도 불리는 폐석이 쌓여 있다. 갱도체험장은 1932년 처음 개항한 갱도로써 옛 대한석탄공사 영월광업소 채탄광이었던 곳을 리모델링한 것이다.

강원도 영서남부

영월
한반도지형

명승지 제 75호 · **주소** 강원도 영월군 한반도면 한반도로 555(옹정리 202)

강원도 깊은 곳에서 나라를 생각하는 또 하나의 한반도 모형. 영월군 한반도면 옹정리 서강(평창강)가 강변마을 앞에는 한반도 전체를 옮겨 놓은 듯한 모양의 지형이 펼쳐져 있다. 이곳은 강원도 영월의 대표적인 관광지로, 위에서 내려다 본 지형이 한반도의 모습을 닮았다고 해서 한반도지형이라 부른다. 마치 우리나라의 형상을 보여주듯이 삼면이 강으로 둘러 쌓여 있고, 동쪽은 높고 서쪽은 낮은 것, 심지어 동쪽에 울릉도와 독도를 닮은 듯한 작은 바위 조차도 한반도의 모습을 그대로 보여주고 있다. 주차장에서 20-30분 정도 산길을 올라가면 전망대에 오를 수 있다.

한반도 지형과 주변의 옹정리, 신천리 일대에는 생태적 보존 가치가 큰 한반도습지가 형성되어 있다. 한반도 습지에는 수달, 돌상어 등의 멸종 위기 야생생물을 비롯하여 약 870종의 동식물이 서식하고 있어 2011년 습지보호지역으로 지정되었다. 그야말로 강원도의 깊은 곳에서 한반도의 역사와 생태를 같이 느끼며 힐링의 시간을 가질 수 있는 곳이 바로 이곳 영월 한반도지형마을이다.

힐링휴양지

한반도 뗏목체험

주소 강원도 영월군 한반도면 선암길70(옹정리602) · **전화번호** 010-9399-5060 · **운영 시간** 오전 9시~오후 5시(약 30분 소요) · **이용료** 성인 6,000원, 단체 5,000원, 어린이 4,000원(36개월 미만 무료)

한때 영월사람들은 뗏목을 띄워 한양까지 땔감을 날랐다. 아우라지에서 떠내려 보낸 뗏목을 이곳에서 우선 크게 묶었다. 그리고 기나긴 한강을 따라 내려와 서울의 송파나루를 거쳐 마포나루까지 땔감을 운송했다. 뗏목은 직경 약 30cm, 길이 약 32m의 소나무 150여개를 새끼줄로 묶어서 만들었다. 이렇게 만들어진 뗏목의 길이는 약 36m에 이르며, 폭은 약 3m 정도 되었다고 한다. 뗏목은 봄부터 여름까지 큰물이 난 후 출발하는데, 험하기로 유명한 동강의 거친 물살을 넘어야만 했다. 때문에 서강의 물줄기는 이 터에 사는 토박이들에게 없어서는 안 될 삶의 방편이자 생명수였다.

요즘 관광객을 태운 뗏목은 한반도 지형의 남해안을 출발해 서해안까지 1km 구간을 왕복한다. 2009년 선보인 뗏목체험은 한반도 지형과 함께 선암마을을 전국 유명 관광지로 만든 농촌 전통테마마을 육성사업의 모범사례로 꼽히고 있다. 한반도지형 주차장에서 약 2km 거리로 위치해 있다. 양구에 위치한 한반도 섬이 인공적으로 만들어졌다면, 영월의 한반도 지형은 자연이 만들어낸 교육의 장이다.

03 영동

기독교 유적
강릉 임당동성당
양양감리교회
강릉중앙교회
동해 북평제일교회
동해 천곡교회
태백 예수원

역사문화 유적
고성 통일전망대
고성 DMZ박물관
고성 화진포
강릉 김동명문학관
태백 철암탄광역사촌

힐링휴양지
강릉 국립대관령치유의숲
동해 무릉계곡

영동지역 미리보기

백두대간을 기준으로 강원도 동쪽 지역을 일컫는 영동지역. 한반도를 굳게 잡아주는 등허리의 역할도 하지만, 강원도를 동과 서로 나누는 기준이 되기도 한다. 부산에서 시작해 동해안 등허리를 타고 강릉과 고성까지 이어진 7번 국도, 일명 Route7을 타고 옛 캐나다 선교부 지역들을 따라 함경도로 올라가면 통일까지 이르지 않을까? 백두대간 때문에 다른 지역의 문물 유입이 상대적으로 느렸던 이 지역은 이제 통일과 시베리아 횡단철도와 실크로드까지 이어질 동북아 길목의 꿈을 이루어가고 있다.

영동지역의 대표적인 가톨릭성당은 강릉 임당동성당이다. 1866년 병인박해를 피해 온 교우들이 모임을 갖기 시작했고, 1921년 춘천교구에 소속되어 본격적으로 활동을 이어갔다. 강릉뿐만 아니라 삼척 성내동성당을 포함해 7번국도변에 천주교회를 방문해 보는 것도 좋다.

7번국도, Route7을 따라가는 영동지역은 요즘은 고속도로와 고속철도로 교통이 많이 나아졌지만, 과거에는 외부에서 접근하기가 쉽지 않았다. 일제 강점기인 1937년 원산-양양구간의 동해북부선이 건설되었으나, 기독교 복음을 전하던 선교사들은 정작 이런 혜택을 크게 누리지 못했다. 기독교 관련 책들을 팔면서 복음을 전하던 매서인들과 권서인들은 험난한 고갯길을 돌고 바닷길을 이용해 영동 지역에 힘들게 복음의 씨앗을 뿌렸다. 강원도 Route7에는 북쪽으로는 원산을 기점으로 해안가를 이용해 복음이 들어왔고, 아래쪽으로는 예전에 강원도에 속해있던 울진을 기점으로 복음이 북쪽으로 들어왔다. 영서지역에서 험준한 백두대간을 넘기는 그렇게 어려웠을 것이다.

7번 국도의 윗쪽 부분인 고성, 속초, 양양, 강릉지역에 기독교 복음을 처음 전한 대표적인 선교사는 로버트 하디(Robert A. Hardie)였다. 한국교회에 익숙하게 알려진 원산부흥운동의 선구자 하디 선교사는 원산을 중심으로 동해안 지역을 따라 선교활동을 펼쳤다. 무엇보다 뱃길을 이용해 해안을 따라 기독교를 전하면서, 1901년에 고성 간성감리교회, 양양감리교회, 강릉중앙감리교회를 세웠다.

이 과정에서 우리는 하디와 더불어 쿠퍼를 주목할 필요가 있다. 샐리 쿠퍼는 1908년 22세의 나이로 한국에 들어온 감리회 여선교사였다. 그녀는 원산에서 강원도를 수없이 오가며 양양 현남중앙교회(1910), 강릉 주문진교회(1910), 속초감리교회(1917) 등의 교회를 세우고 성도들을 열정적으로 돌보았다.

7번 국도의 남쪽인 동해-삼척은 대부분이 산지로 이루어져 길이 더 험하고 고갯길이 많은 곳이다. 이 지역은 지금의 경북으로 편입되어 있는 울진을 통해 접근하기가 오히려 쉬었고, 실제적으로 울진 기독교의 영향을 많이 받았다. 이 지역 기독교 복음전파의 핵심 인물은 김한달이다. 그는 울진에서 지금의 동해에 이르기까지, 내륙으로는 정선까지 깊이 들어가 복음을 전하며, 이 지역 기독교의 토대를 놓았다. 눈물로 씨를 뿌린 김한달의 복음사역으로 삼척과 동해지역에도 교회가 세워졌다. 김한달과 그의 가족은 특히 자신의 재산을 팔아 교회를 세우고, 독립운동에 헌신했다. 규모는 달랐지만, 서울의 우당 이회영과 비견할 만한 인물이었다. 단지 그 중요한 기여에도 불구하고, 아직까지 연구가 되지 않은 점은 안타까울 뿐이다. 이제 한국의 감리교회가, 특히 강원도의 감리교회가 하디와 쿠파와 김한달을 좀더 깊이 연구해 알릴 필요가 있다.

Route7을 끼고 고성에서 태백에 이르기까지 곳곳에 역사유적이 많다. 고성은 남측에서 금강산 관광을 가던 주요 길목이자, 앞으로 대륙철도로 이어질 중심 길목이다. 금강산 관광이 중단되었지만, 고성통일전망대에서 느끼는 통일에 대한 염원은 전혀 줄어들지 않았다. 인근의 DMZ박물관은 그런 아픔의 역사 속에서도 미래를 꿈꾸게 해준다. 화진포의 호숫가와 바닷가를 걸으면서 이승만과 김일성, 홀(제임스 홀, 로제타 홀, 셔우드 홀)의 가문과 평양을 생각해 보는 것도 좋다.

아픔은 싸매져야 하고, 씻겨져야 하고, 다시 희망과 위로로 채워져야 한다. 이는 한 인간의 삶에 있어서도 그렇고, 질곡의 운명을 달려온 우리 민족의 역사에서도 사실이다. 이책에서 담지 못한 Route7 주변의 수많은 아름다운 해안가 뿐만 아니라, 강릉의 대관령치유의 숲과 동해 무릉계곡이 그 깊이를 더해 줄 것이다.

영동지역 한눈에 보기

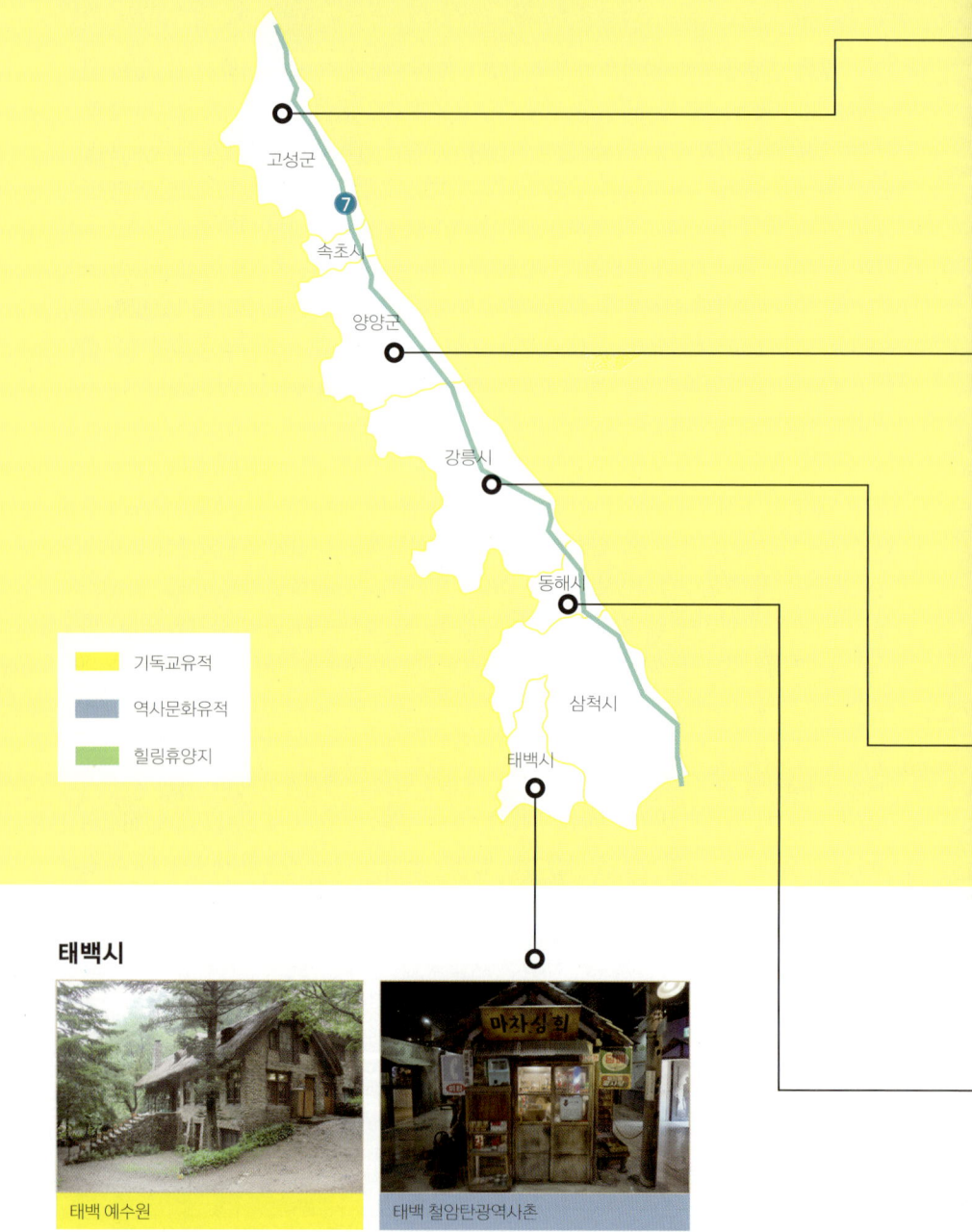

기독교유적
역사문화유적
힐링휴양지

고성군
속초시
양양군
강릉시
동해시
삼척시
태백시

태백시

태백 예수원

태백 철암탄광역사촌

고성군

고성 통일전망대

고성 화진포

고성 DMZ박물관

양양군

양양감리교회

강릉시

강릉 임당동성당

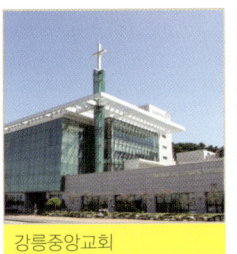
강릉중앙교회

강릉 김동명문학관

강릉 국립대관령치유의숲

동해시

동해 천곡교회

동해 북평제일교회

동해 무릉계곡

강릉
임당동성당

등록문화재 제457호 · **주소** 강원도 강릉시 임영로 148(임당동 159) · **전화번호** 033-642-0700 · **홈페이지** www.idd.or.kr

임당동성당은 Route7, 즉 7번 국도를 따라 펼쳐진 영동지역의 천주교 중심지로, 원래는 1921년 7월에 설립된 춘천교구에 소속되어 출발했다. 1866년 병인박해를 피해 온 신자들이 영동지역에 모여들면서 교우들이 모여 사는 일명 교우촌이 되었다. 1868년에는 강릉 굴아위에 살던 심능석 스테파노와 이유일 안토니오가 서울로 끌려가 순교를 당하기도 했다. 교인들은 이러한 순교 신앙을 토대로 신앙생활을 이어나갔고 그 결과, 1880년대에 강릉군 내에 삼정평, 새울, 금광리 공소가 세워졌다. 여기서 공소란 본당보다 작아 주임 신부가 상주하지 않고 순회하는 구역의 천주교 공동체를 뜻한다.

기독교 유적

이후, 이철연 신부가 교우촌에 머물며 교인들과 함께 1921년 7월 구정면 금광리에 첫 성당을 세웠다. 이후 주문진읍 교항리를 거쳐 1934년 현재의 자리인 강릉 시내 임당동으로 이전했고, 1955년 10월 오늘날의 성당을 준공하였다.

강릉에 설립된 가장 오래된 본당인 임당동성당은 수 차례 창, 지붕, 바닥 등을 보수했지만, 정면 중앙부 종탑을 비롯한 외형이 건축 당시의 모습을 비교적 유지하고 있고, 장식 또한 독특하다는 점에서 가치가 있다. 성당 내부의 스테인드글라스 창문과 상아색 실내 벽체와 벽면 장식이 경건한 분위기를 자아낸다. 2018년에 방영한 tvN드라마 '미스터 션샤인'의 21회 촬영지로 등장해 사람들에게 유명해졌다.

임당동성당은 영동지역 천주교의 역사를 소개하고 임당동성당에서 사용하던 성물과 유물들을 전시한 작은 박물관을 운영하고 있다. 이곳에는 순교한 민극가 스테파노가 우리말 가사로 창작한 287구의 장편 가사 '삼세대의'(1871년 추정)의 필사본이 보관되어 있다. '삼세대의'는 구약시대, 예수 그리스도의 탄생과 죽음, 부활 이후 성도들의 신앙생활이라는 세 개의 세대로 구분하여 서사적으로 노래하고 있는 중요한 작품이다.

양양감리교회

주소 강원도 양양군 양양읍 성안길 16(성내리 25) · **전화번호** 033-671-8961 ·
홈페이지 www.yymc.co.kr

7번국도, Route7을 타고 전도를 하면서 교회를 세운 로버트 하디. 양양감리교회는 그가 1901년 한 해 동안 강원도를 다섯 번씩이나 순회하며 세웠던 교회 중 하나이다. 하디 선교사는 동해안 일대의 중간 지점인 양양읍내에 양양교회를 세우고, 이를 기점으로 영동지역 곳곳에 복음의 씨앗을 뿌렸다.

기독교 유적

영동지역의 대표적인 교회로 성장한 양양감리교회는 우리 민족의 아픔을 함께하며 1919년 양양지역의 3·1만세운동을 주도하였다. 당시 양양교회 담임목사였던 김영학 목사(1918-1922)와 양양교회 조영순 전도사의 딸인 조화벽이 중심 인물이었다. 이들의 리더십을 중심으로 양양감리교회 청년회와 양양보통학교 학생들이 함께 양양 장날인 4월 3일부터 9일까지 양양경찰서 앞에 모여 독립만세를 외쳤다. 이후 김영학 목사는 6개월 형을 언도 받고 서대문형무소에서 옥고를 치렀다.

양양교회는 1953년 강원도 최초의 유치원인 양양유치원을 세웠다. 교회는 최근 이 유치원의 이름을 '하디 어린이집'으로 바꾸어 운영하고 있다.

양양교회는 2011년 교회 예배당을 새롭게 건축하고, 하디 선교사의 정신을 이어가기 위해 본당 3층 대예배실을 '하디예배실'로 명명하였다. 1층에 '조화벽기도실', 2층에 '김영학홀'을 만들고 각각 아동부실과 중고등부실 겸 새벽기도실로 사용하고 있다. 이처럼 역사적 인물의 이름을 사용해 신앙과 교육을 지향하고 있다.

한국교회의 영적 대각성을 이끈 로버트 하디(1865-1949)

이 세상에 아주 유익한 존재가 되겠다는 독립선교사 하디의 결심

로버트 하디(Robert A. Hardie, 하리영)는 1865년 6월 11일 캐나다 온타리오주 세네카의 감리교 집안에서 태어났다. 그의 나이 10살에 부모님을 모두 잃었고, 1884년 고등학교를 졸업한 후 교사자격증을 취득해 2년간 교편을 잡았다. 그 후 1886년 토론토 의대에 입학해 1890년 의학사를 취득하였다. 1886년 고향 친구 마가렛 켈리(Margaret M. Kelly)와 결혼했는데 이들은 "이 세상에 아주 유익한 존재가 되겠다"라는 삶과 비전을 나눈 동지 였다. 이 부부는 해외선교를 위한 학생자원운동(SVM)에 동참하
였고, 자신의 세대 내에 이교도 땅에 그리스도의 왕국을 전진시키기 위해 한국 선교를 결심 했다.

하디는 교단에 소속되지 않은 독립선교사로 캐나다 토론토 지역 의대생들로 구성된 기독청년회의 파송을 받아 1890년 9월 30일 부산에 도착했다. 하디는 처음에는 서울 제중원에서 의료사역을 하다가 1891년 당시 의료 선교사가 없던 부산으로 내려가 베어드 선교사와 함께 일했다. 부산에 선교사가 많아지자 1892년 11월 11일, 원산으로 이주해 펜윅 선교사의 방 하나를 빌려 시약소를 열고 환자들을 돌보았다.

강원도 최초의 지경터 교회

원산으로 이주한 하디는 시약소를 운영하면서 CCM(The Canadian College Mission)의 지원으로 1893년 12월 자신의 선교센터를 건립했다. 그는 북부의 영덕 및 북청과 남쪽의 원주에 이르기까지 여러 곳을 여행하며 만나는 사람마다 직접 복음전도를 하고, 환자들을 돌봤다. 그러던 중 1898년 CCM과의 8년 계약을 마치고 미국 남감리회로 이적하면서 이듬해 개성으로 자리를 옮겨 남성병원을 설립하고 의료사역을 시작했다.

1900년 12월 15일 원산으로 다시 파송을 받은 하디는 미북 감리회 선교사 맥길(William B. McGill)로부터 의료와 복음사역을 인수받고, 원산에 주재하면서 의료선교 사역과 함께 신앙공동체를 순회하며 교회를 설립했다. 1901년 하디는 강원 지역을 다섯 차례 오가며 복음을 전했는데, 그 결과 1901년 김화군 지경터에서 장년 15명에게 세례를 주고 강원도 최초의 교회인 지경터교회를 설립했다.

하디는 1901년 원산 구역에 대한 요약 보고서(Condensed Report of the Wonsan Circuit for the Yea, 1901)에서 강원도의 첫 신앙공동체인 지경터교회가 세워지게 된 과정을 다음과 같이 전했다.

강원도로는 그 해에 5차례 순방여행을 했다. 이 여행 중 한 번은 해안을 따라 거의 강릉까지 갔다. 나머지 여행들은 서울에서 원산에 이르는 주요 도로가 가로지르는 군들에 국한되었다. 3월 달에 나는 지경터에서 2주간을 보냈는데, 모든 관심 있는 사람들이 사오십리 가량 떨어진 곳에서 와서 함께 공부하는 시간을 가졌다. 낮 동안은 수업을 했으며 다른 모든 활동은 복음전도와 관련된 사역에 집중되었다. 복음전도 결과는 매우 고무적이었다. 주님께서는 권능으로 우리와 함께 계셨고, 나는 죄를 깨달은 한국인들이 죄를 지은 것 때문에 크게 우는 것을 처음으로 보았다. 집회들이 마무리될 때, 22명의 성인들이 세례를 받기를 청하게 되었다. 3월 31일, 나는 그들 중 15명에게 세례를 주었고 강원도에 첫 번째 기독교 신앙공동체를 조직했다. 그 사역은 계속해서 성장했고 내가 지난 번 그들을 방문했을 때 12명이 새로 세례를 받았다. 그 곳에서 약 10리 떨어진 새술막에서도 새로운 공동체가 조직되었다. 그 두 공동체에는 이제 27명의 구성원들이 있고 학습교인은 63명이다.

지역과 교파의 경계를 무너뜨린 1903년 원산 대부흥 운동

1903년 중국의화단 사건을 피해 원산으로 피신해 온 여 선교사 화이트(Mary C. White)와 캐나다 장로회 출신 여 선교사 맥컬리(Louise H. McCully)는 한국인의 영적 부흥을 위해 기도회(1903년 8월 24일-30일)를 시작했다. 맥컬리는 하디에게 "효과적인 기도를 위한 세 가지 필수 요소들"에 관한 세 번의 강연을 부탁했다. 하지만 하디는 강의를 준비하면서 자신이 무엇인가 정직하지 못하다는 것을 깨달았다. 우선 자신이 선택한 성경본문에서 말하는 신앙이 자신에게 없었고, 자기 스스로 그리스도 안에 거하는 삶을 살지 않는다는 것을 알고 있었기 때문이다. 그런데 기도회를 준비하던 하디는 자신이 말씀과 깊이 만나는 놀라운 은혜를 경험했다. 그리고 기도회를 인도하는 내내 울면서 동료 선교사들 앞에서 공개적으로 자신의 잘못을 통회했다.

1904년 제7차 연례회에서 그는 당시 기도회를 과거 자신의 실패와 그 이유를 고백하는 고통스럽고 굴욕적인 경험이었다고 보고했다.

그러나 하나님은 그것을 선으로 바꾸사 오늘과 같이 많은 백성의 생명을 구원하게 하시려 하셨습니다. 저는 수년 동안 한국 사람들이 죄를 깨닫고 참회하며 그 열매들을 증거하는 믿음을 보기 갈망하면서 정작 저 자신의 사역과 관련해서는 아주 분명하고 지속적인 어떤 회심도 하지 않았습니다. 저는 많은 사람을 지식인으로 만드는 데 열심이었습니다. 그런데 제가 성령 충만함을 받고 맞이한 첫 번째 주일 아침 원산 교인들 앞에 서서 창피하고 수치스러운 얼굴로 저의 자만과 냉담한 마음, 그리고 믿음의 부족과 같은 것들을 고백하였더니 사람들이 처음으로 죄의 깨달음과 참회가 무엇을 뜻하는지 실제적이고 체험적으로 알게 되었습니다.

이 기도회를 통해 그는 백인으로서 갖는 인종적 우월감, 의사로서 신분적 교만함, 성령충만이 없이 해 온 사역 등을 고백했다. 이는 하디 개인의 회개와 통회를 의미할 뿐만 아니라, 한국교회에 성령의 임재가 임하는 통로를 만들어 준 사건이었다. 한국교회에 마음을 울린 진실한 죄의 고백이 솟아나기 시작했다.

1903년 원산 부흥운동의 시작은 1907년 평양 대부흥운동으로 이어졌고, 당시 감리회와 장로회 선교사들이 하디를 초청해 연합 사경회를 개최하였다. 하디는 자신의 깊은 영적 체험을 간증하고 회개운동을 촉구함으로 한국 교회사의 역사적 전환점을 이룬 중심 인물이 되었다.

원산, 평양 부흥운동을 통한 죄의식의 각성과 회개는 한국인의 일상생활에도 큰 변화를 가져왔다. 이것은 윤리 및 인권의식 제고와 사회개혁으로 이어져 평양대부흥 이후 1909년까지 950여 개의 기독교 학교가 세워졌고, 한국교회는 금주운동을 전개했다. 또한, 한국교회는 축첩제도 폐지, 강제혼 금지, 남녀의 평등한 교육기회 부여, 조혼 금지 등을 주장했다. 감리교 감독 해리스(Merriman C. Harris)는 1908년 북감리교 총회에서 "부흥운동의 여파로 수천 명이 함께 기도하고 말씀을 연구하면서 많은 술꾼이 술을 과감히 끊고 도박꾼, 오입쟁이 등이 그리스도 안에서 새사람이 되었다"고 보고했다.

협성신학교 학장으로 〈신학세계〉 창간

1908년 원산구역이 지방회로 승격되자 그는 그 지방 감리사뿐만 아니라 선교책임자로 임명되어, 원산구역, 주한명과 함께 영동구역 그리고 이화춘과 함께 간도 지역을 감당하게 되었다. 1909년에는 수구문 기지(광희문교회), 이화춘과 함께 지경대구역, 그리고 성서연구소 책임자로 임명되기도 했다.

이후 하디는 감리교 협성신학교(1909-1923) 학장, 피어선 성경학교 교장을 역임하면서 신학교육에 힘썼다. 1916년 2월에는 협성신학교 학술지인 〈신학세계〉를 창간하였는데, 이 잡지는 칼 바르트의 신학을 소개되는 등 한국 교회에 진보적인 신학을 소개하는 역할을 했다. 하디는 조선예수교서회 총무(1924-1927)로서 문서선교사역에 공헌했으며, 1930년에는 〈기독신보〉 사장으로 활동하였다. 그는 28년간 신학교육과 문서사역에 종사하면서 번역서를 포함해 40여 권의 저서와 170여 편의 방대한 논문을 남겼다.

하디는 45년간 한국에 있으면서 교육과 의료, 복음 이해, 영적 부흥 등 모든 면에서 열정적으로 일을 감당했다. 그는 1935년 정년을 맞아 귀국하여 미시건주 랜싱에 거주하다 1949년 소천하였다. 양화진에는 한국에서 사역하면서 잃은 그의 두 딸 마리(Marie Hardie, 1893-1893)와 마가렛(Margaret J. Hardie, 1903-1909)이 묻혀 있다. 2006년 5월 24일 감리교 본부에서는 하디의 두 딸의 묘를 정비하며, 그의 한국 선교 업적을 기리는 "하디 선교사 영적 대각성 운동 기념비"를 세웠다.

기독교 유적

온 생명을 다해 조국을 섬긴 김영학 목사(1877-1933)

황해도의 돌아온 탕자

김영학 목사는 1877년 2월 10일 황해도 금천군 금천읍 조포리의 양반 가문에서 태어났다. 어려서 향리의 한문사숙에서 글공부를 시작했지만, 일제의 식민지로 전락해 가는 조국을 보면서도 아무 것도 할 수 없는 자신의 무력함에 절망하여 점차 공부는 뒤켠으로 던지고 나쁜 친구들과 어울리면서 술 담배와 주색잡기로 세월을 보냈다.

30살이 되던 1907년경 토산장에서 술에 취해 있는 그 앞에서 사람들이 전도지를 나누어 주며 예수를 전하고 있었다. 기분이 상한 김영학은 근처에 있는 공동우물에 가서 물을 퍼서 예수를 믿으라고 복음을 전하던 자들에게 껴 얹었다. 그러나 오히려 복음을 전하는 자들이 그러는 김영학을 어린아이 대하듯 웃으면서 전도하기를 계속하였다. 그는 기분이 더 나빠져 전도지를 구깃구깃 접어 찢어버리고 집으로 돌아왔다.

그런데 이 사건이 그를 복음으로 이끌었다. 다음날 정신을 차린 김영학은 무엇인가 다른 느낌을 받았고, 찢긴 전도지를 보고 마음이 울렁거렸다. 그리고 전도집회가 열리던 곳까지 무작정 달려가 집회의 내용은 이해하지 못했지만, 끝까지 참석하였다. 그렇게 그는 예수를 믿었고, 사람들이 정신이상자가 되었다고 할 정도로 기독교신앙에 깊이 빠져들었다. 예수를 위해 목숨까지 다하기로 한 그는 권서가 되어 성서공회에서 공급하는 찬송가, 성경, 쪽 복음을 지고 전도에 나섰다.

민족을 뜨겁게 사랑한 목사

김영학은 1911년 정식으로 전도사 생활을 시작하여, 1915년 감리교 협성신학교를 졸업하고, 1918년 장로 목사가 되어 양양교회를 담임했다. 1919년 만세운동이 일어났을 때 김영학은 양양에서 다른 조선인들과 같이 울분과 분노를 느끼며 양양지역 3·1만세운동의 선봉에 섰다. 그때부터 지속해서 옥고를 치른 김영학은 3·1운동 이후 투옥되어 서대문형무소에서 6개월을 살았고, 그 후 철원에서 있었던 애국단 사건으로 다시 체포되었다. 1920년 12월에 정치범죄 처벌령과 출판법 위반 등의 혐의로 징역 1년 6월형을 선고 받았고, 1922년 5월 출소했다. 김영학은 조선총독부가 발행한 극비문서에 '민족 절대 독립주의, 배일 사상 포지자(包持者)'로 기록될 정도로 민족을 뜨겁게 사랑하는 목사였다.

김영학은 1922년 9월 감리교 연회를 통해 시베리아 블라디보스톡으로 파송되었다. 연해주는 두만강 바로 건너편에 있어 조선의 우국지사들과 혁명투사들이 많이 모여들어 한인촌을 형성하고 있었고, 한국인 교세 또한 대단했다. 그런데 소비에트 혁명 이후 반종교 운동이 점차 맹렬해지면서 교회를 도서관이나 학교로 사용하고 교역자에 대한 박해도 공공연히 이루어져 전도자 다수가 국경을 탈출해 국내로 귀환하는 경우가 많았다. 바로 이런 분위기에서 일제의 탄압으로 옥고를 치른 지 얼마 되지 않은 김영학 목사가 순교를 각오하고 한인들이 모여 사는 연해주 신한촌에 들어왔다. 그는 나라 잃은 동포들을 위로하고 애국정신을 고취시켰으며, 복음과 소망을 전했다.

그는 거의 9년간 공산당과 싸우며 많은 어려움을 겪으면서도 이 지역 교회사역을 잘 감당해 나갔다. 많은 동포가 복음을 받아들였고 교회들이 성장했다. 그런데 1929년 소련의 관헌들이 그를 반동분자로 잡아 가뒀다. 이 일로 충격을 받은 7세의 큰아들은 며칠 후에 숨을 거두었다. 공산주의자들은 그 후에도 1년간이나 공갈과 협박을 하며 배교를 강요했다. 그러나 협박이 통하지 않자, 김영학을 가장 악질적인 반동이라고 규정하고 1930년 1월, 10년간의 노동형에 처했다.

교회를 위해 순교하는 것이 사명

사실 김영학 목사는 자신이 마음만 먹으면 얼마든지 그곳을 빠져나올 수 있었다. 점증하는 공산주의자들의 박해 때문에 그곳에서 선교사역을 하던 도인권, 이인선, 김득의 목사는 사역을 중단하고 3백여 명의 성도를 이끌고 비밀리에 훈춘 등지로 빠져 나왔다. 그런데 김영학 목사와 김태덕 전도사는 연해주에 머물고 있는 동포들을 버리고 자신만 살겠다고 나올 수 없다는 생각에 그곳에 머물러 있다가 체포되어 캄차카 강제수용소에 갇히게 되었다. 그 때 일을 김영학 목사의 사모 안원정은 훗날 이렇게 회고했다.

평소에 늘 말씀하시길 목사는 교회를 위하여 순교하는 것이 마지막 사명이라 하시면서 가족을 그 위험지대에 두고도 조금도 돌아보지 않고 20여 일, 40여 일씩을 늘 위험한 가운데로 순회하셨습니다. 이번에 나올 때에도 같이 돌아오자 한즉 책망하고 거절하셨습니다. 수십 명의 교인이 있는데 어찌 목사로서 그들을 버리고 나만 살려고 가겠느냐 하시고 계시다가 이렇게 되었습니다.

이후 관헌들은 김영학을 캄차카에서 3일 밤낮을 걸어 들어가야 하는 나강지역으로 보내고, 김태덕 전도사를 총살했다. 영하 4-50도가 오르내리는 지역, 눈과 얼음이 쌓인 곳에서 김영학은 중노동에 시달렸다. 1932년 12월, 추운 초겨울 어느 날, 김영학 목사는 눈을 치우는 노동을 하다가 갑자기 갈라진 얼음 사이로 빠져들었다.

일제에 투쟁하고 공산주의자들에 대항해 멀리 연해주에서 복음을 전해왔던 김영학 목사는 그렇게 다른 100여 명의 사람과 함께 얼음 아래로 사라졌다. 감리교는 서울지방회 주최로 1933년 10월 29일 종교교회에서 추모예배를 드렸다. 1990년 정부는 건국훈장 애국장을 수여했고, 그의 시신을 대전 국립현충원에 안장했다. 대전 현충원 애국지사 묘역에 그를 기리는 비문에는 이렇게 기록되어 있다.

　하나님 지극한 사랑
　죽음인들 막으리까
　빼앗긴 강산 한 맺힌 민족 위해
　하나님 뜻 헤아리고
　온 생명 다하여 조국을 섬기리
　오호라! 광복의 빛이여
　자유의 영원함이여

2012년에 발족한 김영학기념사업회는 잊혀진 순교자 김영학의 삶을 기리고, 그의 순교신앙을 기억하고자 다큐멘터리 영화 〈순교〉를 제작하였다. 감리교본부에서는 김영학 목사 순교 86주년인 2018년, 한국기독교순교자기념관에 순교비를 세웠다.

여성독립운동가, 조화벽(1895-1975)

강원도 양양에서 3·1만세운동을 주도한 여성독립운동가 조화벽은 1895년 강원도 양양교회의 조영순 전도사의 무남독녀로 태어났다. 1912년 원산 루씨여학교를 거쳐 개성 호수돈여학교로 진학해 호수돈 비밀결사대 일원으로 개성지역 3·1만세운동에 참가하기도 하였다. 이후 필사본 독립선언서 한 장을 버선 속에 감추고 고향인 양양으로 돌아와 교회 지도자이자 양양면사무소 직원이던 김필선에게 전달하여 필경과 등사의 책임을 맡겼다. 또한, 양양교회 뒷산에 숨어 양양교회 청년들과 함께 태극기를 제작하고 거사 당일 양양초등학교가 위치한 구교리 고개에서 사람들에게 태극기를 배부하는 등 3·1만세운동을 주도했다. 1923년에는 유관순의 오빠 류우석과 결혼하여 교사로 활동하면서 상해 임시정부에 독립자금을 지원하는 한편, 여성과 노동자의 권익 옹호와 교육 사업을 지속했다. 1932년 원산에서 고향 양양으로 돌아와 무산아동 교육시설인 정명야학원 주간부를 개설하고, 1935년에는 정명학원을 설립하였다. 정명학원은 1944년 폐교될 때까지 600여 명을 졸업시켰다. 1982년 대통령 표창, 1990년 건국훈장 애족장이 추서됐다.

강원도 영동

강릉중앙교회

주소 강원도 강릉시 난설헌로 20(포남동 192-1) · **전화번호** 033-646-7575 ·
홈페이지 www.cmck.or.kr

Route7을 끼고 해안가 뱃길을 따라 고성에서 강릉에 이르는 길목마다 하디 선교사의 피땀이 서려있다. 강릉중앙교회도 1901년 5월 하디 선교사의 순회 전도 중에 세워졌다. 강릉에 도착한 하디 선교사는 윤성근과 함께 명국성 성도의 8칸 초가에서 감격스러운 첫 예배를 드렸다. 강릉중앙교회는 의숭학교(1910년), 의숭유치원(1915년)을 설립하고 동해안 일대에서 처음으로 서양문화 교육을 시작했다. 1919년 3월 1일 전국 각지에서 독립만세운동이 일어나자 강릉중앙교회 5대 담임목사였던 안경록 목사는 교회 청년회원들과 함께 강릉독립운동을 주도한 후 옥고를 치르기도 했다. 1935년에는 80여 명의 교인이 나가 따로 교회를 세우자, 본 교회는 금정교회로 부르다 금정이 일본식 명칭이라 하여 중앙교회로 바꿔 부르게 되었다. 강릉중앙교회는 2010년 현재의 위치로 이전하여 예배당을 세웠다.

본당 옆으로는 교육관으로 사용하고 있는 하디홀이 있으며 교회 앞마당에는 2000년 삼일절 기념주일에 세운 안경록 목사의 흉상이 세워져 있다. 이곳은 2018년 평창올림픽을 전후에 새롭게 조성되어, 전통과 현재와 미래를 꿈꾸는 공간으로 자리하고 있다.

강릉중앙교회의 본당 복도에는 강릉중앙교회의 오랜 역사를 알 수 있는 사진들이 전시되어 있다. 본당에서 하디홀로 가는 길의 모퉁이 벽에는 '구주강생후 일천구백이십일년오월 강릉예수교 미감리회당'이라는 머릿돌과 함께 예배당 건축 연도를 짐작케 하는 세 개의 머릿돌이 나란히 세워져 있다.

①하디교육관 ②안경록 목사 흉상 ③강릉중앙교회 초기 예배당 ④1921년 예배당 머릿돌

강릉만세운동의 주역 안경록 목사(1882-1945)

안경록은 1882년 평남 진남포에서 출생해 한학을 공부하다가, 4년간 숭실학교에 다녔고, 이후, 1911년 서울 감리교 협성신학교(현 감리교신학대학)를 제1회로 졸업했다. 이후 평양 강흥면에서 미감리회 전도사로 있던 중에 105인 사건을 맞았다. 일본은 1910년 음력 8월 29일 압록강 철교 준공식에 참여하는 데라우치 총독을 선천역에서 암살하려는 일이 미수에 그쳤다며 기독교 지도급 인사 6백여 명을 체포하고 선교사 23명을 연루자로 불구속 기소했다. 주모자인 윤치호, 이승훈, 임치정 등 105명에게 각각 실형을 선고하고 나머지는 불구속 처리했는데, 이를 105인 사건이라 부른다. 이 사건은 일제의 한국 지배에 마지막 걸림돌이 된 평안도 지역의 기독교 세력을 일망타진하려고 꾸며졌었다.

105인 사건과 연루되어 안경록은 온갖 고문을 받고 6년 형의 징역선고를 받고 옥고를 치렀다. 그러나 2년 만인 1914년에 출옥한 그는 강원도 영월로 목회지를 옮겼으며, 1914년 6월 감리교의 집사목사 안수를 받았다. 1915년 강릉교회로 전임해 이후 10년간 강릉지방 목회에 전념했고, 1918년에는 장로목사 안수를 받았고, 1919년 강릉지방 감리사가 되었다.

3·1운동이 일어나자 안경록은 청년들을 규합해 강릉의 만세 시위운동을 계획하였다. 자신이 시무하는 성내리 소재 교회 안에 본부를 둔 강릉 청년회 회원들과 협의해 만세운동을 계획했고, 4월 2일 강릉 장날 만세시위에는 교인들이 선두로 서서 태극기를 뿌리며 시위를 주도했다. 안경록은 이 일로 다시 옥고를 치렀고, 1924년 진남포교회(신흥리 소재)로 전임했다. 이곳에서 2년 동안 목회를 하면서 삼숭학교 설립에도 참여했다. 이후 1927년에 만주지역 선교사로 파송받아 신경 영고탑교회에서 1년간 사역했다.

귀국 후 황해도 수안교회로 부임했는데 산골이라 교인들의 생활이 지극히 가난했다. 그래서 그는 교회 청년들과 절제운동을 전개하고, 자금을 모아 공동 농장을 경영하여 농촌 자립운동을 했다. 이 무렵 그는 일선 목회를 떠나 농장 경영에 몰두하면서 지방 교회를 돕고 부흥회를 다녔다. 서울 홍제동에 홍제목장을 경영하면서 홍제교회를 돕기도 하였다. 1945년에 별세하였다.

강릉중앙교회는 안경록 목사의 신앙과 민족사랑을 계승하고자 2000년 삼일절 기념주일에 안경록 목사 흉상을 교회 앞마당에 세웠다.

기독교유적

동해 북평제일교회

주소 강원도 동해시 전천로 287-11(북평동 81-1) · **전화번호** 033-521-0315

Route7번의 강원도 남쪽지역에는 김한달과 최인규의 신앙유적이 자리하고 있다. 특히 동해와 삼척의 대표적인 북평제일교회는 1913년 5월 3일 김한달 전도사 주관으로 삼척군 김원달의 사랑방에서 시작되었다. 북평제일교회는 삼척제일교회보다 1년 늦게 세워졌는데, 김한달이 북평에서의 교회 설립이 여의치 않자 처가가 있는 삼척읍으로 먼저 이주해, 1912년에 현재의 삼척제일교회의 모체가 된 기도처를 세운 것이다. 1년 후 김한달은 삼척읍 김원달의 사랑방에서 13인을 모아 첫 예배를 드렸는데, 김원달은 김한달 전도사가 김씨 가문에서 전도하여 얻은 친척이었다. 이후 안경록 목사(1914-1915), 김한달의 아들 김기정 목사(1934-1935)가 북평제일교회 담임 목사로 헌신하였다. 또한 북평제일교회는 순교자로 유명한 최인규 권사가 학습과 세례를 받은 곳이다. 이런 의미에서 북평제일교회는 이 지역의 기독교 인물과 민족지도자를 만들어낸 산실이었다.

2007년 북평제일교회는 현재의 터에 새 예배당을 완공했다. 현재 북평제일교회에는 1923년 평양에서 주조해 기차와 우마차로 북평제일교회에 옮겨온 종이 전시되어 있다. 태평양전쟁 당시, 이 종은 일제에 의해 강제로 공출될 위기에 놓였으나, 인근의 삼화철광소 폭발물 도난 사건으로 일본의 기관들이 그 사건을 해결하느라 종을 내려만 놓고 가져가지 못해 교회에 그대로 남아있을 수 있었다. 이후 종탑에 올려져 1970년대까지 동해 일대에 복음의 종소리를 전했으며, 현재는 교회 본당 현관에 전시되어 있다.

삼척, 동해지역의 교회 개척자, 김한달 전도사

서울 한 복판에서 민족의 독립을 위해 애썼던 우당 이회영, 삼척과 동해지역에는 이회영 같은 인물이 있었다. 그의 영화 같은 삶에도 불구하고 아직까지 묻혀 있었다. 김한달은 1865년 강원도 삼척의 가원리 김진사 댁에서 출생하였다. 그의 키는 장대하고 고집이 세었으며 옳다고 생각하여 뜻을 정하면 어떤 어려운 일이 닥쳐도 끝까지 밀고 나가는 성격이었다. 1908년, 동학혁명과 청일전쟁을 경험한 김한달은 울분을 품고 용수골에 들어가 동리 청년 세 명과 함께 초가삼간을 짓고 선도공부를 시작했다.

이후 강릉에 '서양교'가 들어와 전도 강연을 한다는 소문을 듣고 함께 지내던 청년 홍순철을 정탐 명목으로 강릉집회에 보냈다. 그런데 서양교 집회에 참석하여 은혜를 받고 돌아온 홍순철의 변화는 대단했다. 이를 계기로 김한달은 강릉에 직접 가서 매서인 고재범을 만나 그를 통해 기독교에 입문했다. 그리고 선도연구를 위해 준비한 용수골을 기독교의 기도처로 삼아 성경연구에 몰두하였다. 이후, 그는 스스로 자원하여 강원도의 험한 산과 강을 건너 강릉과 서울을 오가며 성경을 배웠고, 그의 친척과 김씨 문중을 중심으로 복음을 전했다. 문중 사람들이 이를 반겨 줄 리가 만무했다. 그는 가족들 사이에서 야소교 때문에 미쳤다는 손가락질을 받았지만, 신앙에 대한 김한달의 열정은 식을 줄 몰랐다.

김한달은 매서인 고재범과 함께 개척교회 순회전도사로 활약했다. 그 뿐만 아니라 자신의 전 재산을 복음전파와 교회개척 비용에 사용하였다. 김한달 전도사는 1911년 삼척 하가교회를 세우고, 1912년 삼척읍 교회를 개척하고 초대 담임전도사로 부임하였다. 그는 삼척 유치원을 세워 직접 율동을 가르치고 봉사하는 등 다음 세대를 교육하는 데에도 힘썼다. 이외에도 김한달은 1913년 동해지역의 북평제일교회, 망상 죽전교회, 강릉지역의 옥계교회를 세웠다.

기독교유적

김한달의 큰아들 김기정 목사(1891-1937)는 1891년에 태어나 강릉 의숭학교와 서울 피어선 성경학교를 거쳐 1928년 감리교 협성신학교를 졸업하고 영동 남부지역의 첫 목사가 되었다. 그는 당대 지역 사람들이 쉽게 생각할 수 없는 교육을 받게 되었다. 이후에 삼척교회, 울진중앙교회, 정선교회, 양양교회를 돌보며 강원도 복음화에 앞장섰다. 무엇보다 중요한 것은 이 지역의 순교자 최인규 권사에게 세례를 주었던 장본인이 바로 그였다. 김한달의 둘째 아들 김기선은 배재중학교를 졸업하고 만주에서 독립운동을 하다가 순교하였다.

김기정 목사

누에를 치는 소녀들과 김기정 목사

더 알아보기 QR코드를 스캔해 보세요

● 7번 국도엔 숨은 기독유적 '김한달 벨트' 있다 〈국민일보〉 (2018. 1. 18)
http://m.kmib.co.kr/view.asp?arcid=0923886478

동해 천곡교회

주소 강원도 동해시 항골길 7-11(천곡동 1081-8) · **전화번호** 033-532-8012 ·
홈페이지 www.cgch.com.ne.kr

강원도의 대표적인 순교자 최인규 권사의 이야기는 감동적이다. 1921년에 설립된 천곡교회는 순교자 최인규 권사가 시무했던 곳이다. 최인규 권사는 1932년 당시 북평교회의 기도처에 불과했던 천곡교회의 예배당을 짓기 위해 애쓰던 권화선 속장을 도왔다. 그리고 그 해에 자기가 가진 재산 전부를 팔아 교회에 헌납했고, 이에 힘입어 천곡교회는 8칸짜리 초가 예배당을 건축하였다. 신사참배를 반대하던 최인규는 1940년 5월 체포되어 1942년 63세의 나이로 대전감옥에서 순교했다.
1946년 삼척제일교회에 안장되어 있던 그의 유해가 순교 40년이 지난 1986년 천곡교회로 이장되었다. 그 해에 천곡교회 성도들은 최인규 권사가 직접 만들어 사용하던 강대상 모양을 본 따 순교기념비를 세웠다. 1995년 10월 3일 현재의 터에 예배당을 건축하고, 최인규권사 기념예배당이라 명명하였다.

기독교유적

교회 본당에는 최인규 권사의 유일한 유품인 강대상이 있다. 최인규 권사의 요청으로 1933년경 천곡교회 오승만 성도가 강대상 3개를 제작해 천곡교회와 북평제일교회, 옥계교회에 각 1개씩 기증했지만, 현재는 천곡교회의 강대상만 남아 있다. 본 강대상은 최인규 권사가 일제 강점기에 검속되기 전인 1940년 5월까지 사용하였던 강대상으로 지금도 그의 열정을 느낄 수 있는 유산이다. 이 강대상은 1943년 천곡교회가 일제에 의해 강제 철거되면서 삼화교회와 송정교회로 옮겨졌다가 1970년경 천곡교회로 돌아와 1980년까지 사용되었다.

기독교대한감리회 중부연회는 2018년 신사참배 80년 우상숭배를 회개하고, 이를 기념하여 감리교회 평신도 순교자인 최인규 권사의 신앙을 기리며 흉상 부조를 세워 천곡교회에 전달했다. 이 외에도 천곡교회는 교회 층마다 교회의 약사와 최인규 권사의 생애를 정리한 배너 형태의 사진집을 전시하고 있다.

① 최인규 권사 순교기념비 ② 최인규 권사가 사용하던 강대상 ③ 최인규 권사 흉상 부조

더 알아보기　QR코드를 스캔해 보세요

● 동해 천곡교회 황용규 목사의 인터뷰
천곡교회의 역사와 최인규 권사의 순교 이야기

동해와 삼척의 신앙유적지, 똥통을 진 절개, 최인규 권사

체면보다 중요했던 신앙의 절개

한 사람이 액비통이라고 불리는 똥통을 지고 사람들이 많이 모인 강원도 바닷가 한 동네를 돌며 외쳤다. "송정리 사람들아. 내가 바로 신사참배를 거부한 최인규요! 내가 바로 예수 믿는 최인규요." 그런데 사람들은 최인규를 멸시하거나 욕하는 것이 아니라 오히려 칭찬을 아끼지 않고 이구동성으로 말했다. "잘했소. 최인규, 당신이야 말로 조선의 대장부요."
최인규는 조선의 대장부요, 강원도 동부지역의 신앙의 기개를 지켜낸 사람이다. 지역 유지였던 그가 똥통을 매고 사람들 사이를 걸었던 이유는 무엇이었을까? 일본은 체면이 중요한 한국사회에서 그에게 똥통을 매고 채찍질을 하며 일종의 고문을 가한 것이었다. 일본이 원한 것은 그가 신사참배에 협조적인 태도로 바꾸고 그의 변심에 따라 지역 사람들도 신사참배에 참여하도록 한 것이다. 하지만 그는 결국 똥통 속에 민족과 신앙을 함께 지고 순교의 길을 택했고, 한국기독교 역사에서 '똥통을 진 순교자'로 기억되고 있다.

교회와 민족을 사랑한 지도자

감리교세가 강한 강원도 동해와 삼척을 중심으로 활동한 최인규 권사는 1881년 11월 15일 강원도 삼척군 북평읍(북삼면) 송정리에서 태어나 18세에 홍씨를 부인으로 맞아 두 명의 자녀를 두었다. 젊은 시절 방탕한 생활을 했지만, 나이 40이 다 된 1921년 북평감리교회(현 북평제일감리교회) 김기정 목사의 전도를 받고 예수를 믿었다. 그는 철두철미하고 불 같은 신앙생활을 하며 주일성수, 가정예배, 주일학교, 전도자의 직책을 성실하게 수행했다. 성령체험과 치유도 경험한 그였지만, 동해 교회에 출석한 독립운동가 이수정(1887-1977, 동해교회 원로 장로, 부인은 이부전 장로)을 통해 민족과 신앙의 문제를 같이 고민했다.
그의 교회사랑은 유별났다. 1923년 그는 평양에서 종을 주조해 우마차로 강원도 동쪽 끝자락까지 옮겨와 북평제일감리교회에 종각을 세우고 직접 종을 쳤다. 1932년에는 북평제일감리교회의 기도처였던 동해 천곡교회의 예배당 건축을 위해 자신의 전답 전체(논 539여평과 밭 1,369여평)를 헌금하고 교인 권화선 속장의 요청으로 설교자가 없던 천곡교회에서 말씀을 전하기 시작했다. 그는 평신도였지만, 여느 목회자 못지 않게 하나님과 교회에 충성했다. 이수정과 최인규는 민족의 아픔과 현실을 나누고 일본에 저항했고, 각각 징역 3년과 2년을 언도받기도 했다.

그의 선택은 언제나 신앙

1940년에 들어서자 삼척과 강릉을 중심으로 강원도 지역에서 신사참배가 본격적으로 강요되었다. 신사참배와 창씨 개명 등 강요된 외압에 당시 한국교회는 기로에 서 있었다. 우상숭배를 완강하게 반대하며 신사참배와 동방요배를 거부하던 최인규는 1940년 5월 천곡교회에서 일본경찰에 의해 체포되었다. 일본경찰은 그의 손톱 밑에 대나무로 만든 꼬챙이로 찔러 고문하고, 코에는 고춧가루 탄 물을 퍼부었다. 하루에 50여 대씩 몽둥이질을 했다. 그러나 최인규 권사는 모진 고문과 학대에도 아랑곳하지 않고 아침저녁 찬송을 불렀다. 당시 최인규 권사와 함께 감방생활을 하던 원산지방 고성읍교회 이진구 목사는 간수들에게 매맞는 60대 노인 최인규 권사가 안쓰러워 그에게 "신사참배를 한다 하면 내보내줄 것 같으니 그냥 한다고 하고 나가십시오"라고 조용히 권했다. 그러나 최인규 권사는 올곧은 목소리로 "목사님, 신앙양심으로 이야기하십시오"라고 말하며 끝까지 신앙을 지켰다.

최인규 권사는 삼척-강릉경찰서, 함흥재판소를 거쳐, 마지막으로 대전감옥으로 옮겨졌다. 계속되는 고문과 단식 투쟁으로 그의 몸은 쇠약해졌고, 병감으로 옮겨 치료를 받다가 3일 만인 1942년 12월 16일 오후 2시에 주님의 부름을 받았다. 그의 나이 63세였다.

죽음으로 뿌린 씨앗

분단과 고난의 땅 철원에서 성결교 박봉진 목사가 순교한지 6개월 후에 강원도 동쪽에서 최인규 권사가 순교했다. 척박한 바닷가의 삼척과 강릉, 최인규 권사가 뿌린 순교의 씨앗은 많은 열매를 맺었다. 1946년 삼척읍교회 정문 오른쪽에 안장되어 있던 그의 유해는 순교 44년이 지난 1986년 천곡교회로 이장되었다. 그의 순교기념비는 그가 직접 만들어 사용하던 강대상을 본 따 만들어졌다. 최인규 순교기념비에는 아래의 성경 구절이 기록되어 있다. 그를 기리는 순교기념비는 삼척제일교회에도 세워져 있다.

나의 달려갈 길과 주 예수께 받은 사명 곧 하나님의 은혜의 복음 증거하는 일을 마치려 함에는 나의 생명을 조금도 귀한 것으로 여기지 아니하노라.

천곡교회 교인들(1957)

태백 예수원

주소 강원도 태백시 외나무골길 97(하사미동 16-7) · **전화번호** 033-552-0662 · **홈페이지** www.jabbey.org

예수원은 1965년 루빈 토레이(Reubrn A. Torrey Ⅲ, 대천덕) 신부와 그의 가족, 항동교회 교우들, 그리고 성미가엘 신학원 학생들이 참여해 설립한 성공회 계통의 수도원이다.

강원도 산골짜기에 세워진 예수원 공동체의 설립 목적은 "노동이 기도요, 기도가 노동이다"라는 성(聖)베네딕트 수사장의 가르침을 실천하는 것이다.

예수원의 활동은 기본 하루 세 차례 예배와 노동을 중심으로 이루어진다. 예수원을 방문한 손님들도 예배에 의무적으로 참석해야 하며, 본인의 의사에 따라 노동에 동참할 수 있다.

예수원에서 드리는 세 차례 예배는 하루 24시간의 십일조에 해당하는 시간을 하나님께 올려드리는데 의미가 있다. 아침예배(조도)는 화요일부터 토요일까지 매일 아침 6시에 시작해서 7시에 끝나며, 말씀을 읽고 묵상한 후, 은혜받은 말씀이나 깨달은 말씀을 자유롭게 나눈다. 점심예배(대도)는 월요일부터 주일까지 매일 정오 12시에 시작해서 12시 30분에 끝나며, 국내외 기도제목을 가지고 중보기도를 드린다. 저녁예배(만도)는

기독교유적

월요일부터 토요일까지 매일 저녁 7시 30분에 시작하며, 마감 시간은 다소 유동적이다. 매일 다른 형태의 예배를 드리고 있는데, 월요일은 중보기도(매일 정오에 드리는 중보기도와 구분됨), 화요일은 찬양예배, 수요일은 대만도 혹은 강의, 목요일은 은사예배(몸 섬김의 밤), 금요일은 구역예배, 토요일은 감사예배가 있으며, 주일 저녁에는 전체 가족모임을 갖거나, 영화를 감상하거나, 개인적인 안식의 시간을 갖는다.

예수원은 영성 훈련을 위해 삼종과 침묵 시간을 지킨다. 매일 아침 6시, 정오 12시, 저녁 6시에 삼종(三鐘)이 시작되면 하던 일을 멈추고, 그 자리에서 하나님께 침묵으로 기도를 드려야 한다. 또한 소침묵(小沈默), 대침묵(大沈默) 시간을 정해 침묵 가운데 안식을 하거나 하나님과만 대화하는 시간을 갖는다.

예수원은 매주 월요일과 수요일 두 차례 방문객을 받고 있다. 월요일 방문자는 수요일까지 2박 3일, 수요일 방문자는 금요일까지 2박 3일을 머문다. 예수원을 방문하기 위해서는 전화 예약이 필수이다. 홈페이지에서 주의사항과 준비물 등을 확인할 수 있다.

예수원에서는 매년 봄가을 두 차례, 국내외 기독교인을 대상으로 3개월간의 지원 프로그램을 운영하고 있다. 보통 봄지원생(4월-6월)은 3월에, 가을지원생(9월-12월)은 8월중에 서류 접수 및 면접을 실시하고 있다. 이 기간 동안 지원생은 집안의 관혼상제를 제외한 모든 외출은 일체 금하고 있다. 또 지원생활에 필요한 일체의 비용은 없다.

3개월 지원 수료자를 대상으로 1년간의 수련 프로그램을 운영하고 있으며, 1년 수료자를 대상으로 하는 2년 과정도 있다. 1년 수련자의 교육목표는 '성숙한 그리스도인의 제자화'이며, 2년 수련자의 교육목표는 '능력있는 공동체 사역자를 양성'하는 것이다.

예수원에서는 매년 봄가을 두 차례 '성령세미나' 행사를 개최한다. 성령세미나 기간 동안 참석자들은 삼위 하나님의 사랑과 구원, 영원한 생명을 묵상하며, 성령 하나님의 각종 은사를 사모하고 안수기도를 통해 실제적인 은혜를 받게 된다. 성령세미나는 주제별 강의와 소그룹 모임, 죄 고백, 그리고 안수기도 등으로 구성되며, 보통 1주일간의 일정으로 진행된다.

루빈 토레이(Reuben A. Torrey Ⅲ, 대천덕, 1918-2002)

1918년 중국 산둥성 지난에서 장로교 선교사의 아들로 태어난 토레이 신부는 중국과 한국에서 성장기를 보냈다. 1946년 사제 서품을 받은 그는 건축기사 노조 활동, 흑인해방운동과 같은 사회운동에 적극적으로 참여하다가 1957년 한국에 와서 성미가엘신학원(현 성공회대학교의 전신)을 재건하였다. 1965년 뜻을 같이하는 동역자들 및 아내 재인(Jane Grey Torrey, 현재인)과 함께 전깃불도 들어오지 않는 척박한 땅 강원도 황지(현 태백) 하사미에 예수원 공동체를 세웠다. 그리고 2002년 8월 6일 타계할 때까지 그곳에서 생활하였다.

산골짜기에서 온 편지_대천덕 신부

기독교 공동체 생활

많은 사람들이 코이노니아 사상의 근본정신을 깨닫고 이 사상을 효과적으로 실천에 옮기고자 성도의 교제 혹은 성령의 교통하심(고후 13:3)과 같은 공동생활 조직을 구성하였습니다. 이러한 운동은 수세기 전부터 시작되었습니다. 처음에는 모든 기독교인들은 서로가 한 가정이라고 생각했습니다(갈 6:10; 엡 2:19). 그러나 소위 콘스탄틴의 회심 이후 많은 부자들이 그들의 재산을 공유한다는 생각 없이 교회에 들어온 결과 교회는 곧 개인주의로 전락해 버렸는데 이것이 오늘날까지 계속되고 있습니다. 그러나 공동생활체나 다른 성도들과 공동생활을 하기 원했던 사람들은 언제나 있었습니다. …

크리스천들이 일주일에 몇 번 한두 시간 만나고 허물없는 곳에서 모여서 서로 이야기하거나 하나님과 이야기하는 것은 쉬운 일입니다. 그러나 하루 24시간, 일주일 내내, 일년 365일, 여러 계층의 사람들과 생활하면서 즐겁게 서로 얘기하거나 하나님과 대화한다는 것은 전혀 다른 문제입니다. 그러나 공동생활이란 단지 그리스도에 대한 우리들의 헌신의 정도나 형제애를 시험하는 것만은 아닙니다. 모든 공동체는 영의 열매를 개발하는 방법을 가르치는 교육 계획을 갖고 있습니다.

공동체에서는 성서의 말씀과 교회의 교리를 배우는 동시에 이것을 그의 나날의 삶에서 실천하며 또 헌신의 정도와 또 구원과 성화의 경험의 실재성을 시험합니다. 많은 사람들이 모든 크리스천이 가져야 할 믿음의 말씀은 알지만 정말로 그것이 무엇을 의미하는 가는 거의 모르고 있습니다. 또 어떤 사람들은 매우 제한된 경험과 이해를 가지고 있으며 몇 가지 기본적인 진리들을 잘 알고 있지만 성경이 가르치는 그 많은 것들은 전혀 모르고 있습니다. 몇 년씩이나 성경은 매일 읽고 있지만 그것을 실제로 적용하고 시험하고 그것의 의미를 깨달을 수 있는 실험 실습은 하지 않았기 때문입니다.

가능하다면 1년 혹은 2년 정도 기독교 공동체 생활을 한다면 성경이 정말 말하는 것이 무엇인지를 깨닫고 어떻게 그것을 적용시키는가를 아는 데 도움이 될 것이며, 또 성령의 힘을 그들 자신의 삶에서 발견해서 공동체를 떠나서 세상에 되돌아간 뒤에도 성령의 열매를 맺을 수 있게 될 것입니다. 이리하여 그들은 세상에서 그들의 삶을 영위할 수 있을 뿐만 아니라 그들의 동료 크리스천에게도 큰 축복이 될 것입니다. 기독교 공동체에서 생활하는 가운데 성령의 능력에 의해, 그리스도의 몸 된 교회에서 그리스도와 함께 생활함으로써 얻어지는 것보다 더 좋은 신학적 교육은 없습니다.

나라를 위한 기도

우리는 성서에 있는 구원이라는 말은 죄로부터의 구원만을 뜻하는 것이 아니라 기아나 질병이나 전쟁이나 그리고 모든 재난으로부터의 구원도 포함하고 있다는 것을 알아야 합니다. 대부분의 사람들은 그리스도를 영접하고 죄로부터 구원받고 어떻게 성령으로 충만하게 할까 하는 생각만 하고 있는 것을 나는 잘 압니다. 그러나 또 다른 많은 사람들은 북한으로부터의 위협, 실업자나 인플레의 증대, 국내에 뿌리깊이 박힌 분열, 불신풍조에 대해 우려하고 있습니다. 하나님께서는 우리를 이것들로부터 구하실 수 있을까요? 그렇다면 우리는 어떻게 기도해야 할까요?

그리스도인이야말로 국가의 유일한 희망입니다. 우리만이 하나님의 율법을 압니다. 물론 우리가 그것들을 이룩하는 방법을 알기 위해 성령의 지혜를 얻고자 기도하기를 게을리하지 않는다면 말입니다(마 5:17-19). 우리만이 하나님의 법에 따라 살 수 있는 성령의 힘을 가지고 있습니다(요 16:13; 약 1:5). 무엇보다도 우리만이 기도의 힘을 가지고 있습니다. 우리가 싸우는 상대는 사람이나 정당이나 혹은 조직이나 국가가 아닙니다. 우리가 싸워야 할 대상은 이 어두움의 세상 주관자들과 하늘에 있는 악한 영들입니다(엡 6:12). 그리고 그 싸움은 회개에서부터 시작됩니다. 그리고 우리 이웃과 국가의 죄를 회개하기 전에 먼저 교회의 죄를 회개하는 것부터 시작해야 합니다.

우리가 회개하고 기도함으로써 우리나라가 구원받게 됩니다. 그러나 우리는 그리스도인 개인 개인이 회개하여 열매 맺는 데서부터 시작합시다. 그러고 나서 교회가 회개하고 길을 바꾸도록, 모든 가능한 우리의 영향력을 행사합시다. 이사야는 올바로 행하기를 배우라고 말했습니다. 성서로 돌아갑시다. 그리고 옳게 행하는 것을 배웁시다. 그러면 하나님께서 우리의 회개가 참되다는 것을 아시고 돌아서서 우리의 땅을 고쳐 주실 것입니다.

출처: 《대천덕 신부의 산골짜기에서 온 편지 1》

고성 통일전망대

주소 강원도 고성군 현내면 금강산로 481(마차진리 188) · **전화번호** 033-682-0088 · **홈페이지** www.tongiltour.co.kr

부산에서 시작된 7번국도, Route7의 남한 측 동해안 최북단에 위치한 고성 통일전망대. 바로 이곳에서 북측 금강산의 마지막 봉우리인 구선봉과 해금강을 볼 수 있다. 1984년 문을 연 통일전망대는 연간 150만 명이 다녀가는 동해안의 명소이다. 2018년 평창올림픽을 전후해서 고성 해돋이통일타워를 세워 새 단장을 했다. 구 통일전망대는 '북한관'으로 용도를 변경해 북한의 식도락을 맛볼 수 있는 공간으로 준비 중이다.

통일전망대 주변에는 한국을 대표하는 종교기관들의 통일의 염원을 담은 공간이 마련되어 있다. 1.87m 높이의 통일 기원 범종을 비롯해 통일미륵불과 마리아상이 서 있고, 통일전망대 교회가 세워져 있다. 또한, 동해안 최북단을 수복한 기념으로 세운 351고지 전투전적비와 공군 351고지 전투지원작전 기념비, 각도의 특산 바위 13개로 우리나라 지도모형을 만든 민족의 웅비 석탑, 고성지역전투 충혼탑을 둘러 볼 수 있다. 통일 안보공원 내 출입 신고소에서 신고서를 작성하고 잠깐 안보교육을 받은 후 통일전망대의 출입이 가능하다.

역 사 문 화 유 적

통일전망대로 올라가는 입구에는 통일장승이 관람객을 반갑게 맞이한다. 고성 금강산 대장부와 청양 칠갑산 여장부는 통일의 염원을 담아 고성지역 금강송과 칠갑산 소나무로 제작하였다. 장승을 지나 계단을 올라가면 고성지역 전투 충혼탑이 세워져 있다.

고성 통일전망대 안내지도

1. 교회
2. 고성통일전망타워
3. 북한관
4. 불상
5. 성모상
6. 충원탑
7. 금강산휴게소
8. 6.25전쟁체험관

고성 해돋이통일타워

이곳은 DMZ의 D 모양을 형상화하여 2018년 12월 28일에 개관한 지상 3층, 34m 높이의 통일타워이다. 1층에는 카페와 특산물 판매장, 2층에는 통일홍보관과 전망교육실, 3-4층에는 망원경이 있는 전망대와 포토존이 있다.

통일 홍보관에는 세계유일의 분단국가, 분단도, 분단군의 아픔을 간직하고 있는 북녘 땅 고성의 다양한 일상생활을 소개하고, 유라시아 철도의 시작점이자 대한민국 최북단 역인 고성의 제진역 등을 통해 통일한국의 미래 비전을 전시하고 있다.

351고지 전투전적비와 공군 351고지 전투지원작전기념비

351고지 전투전적비는 한국전쟁 당시 351 고지 전투에 참여한 장병들의 전공을 기리고자 건립되었다. 1957년 7월 15일 제3군단에서 강원도 고성군 현내면 대진리에 건립했던 것을 1988년에 격전지가 직접 바라다 보이는 통일전망대로 이전하였다. 전적비 옆에는 공군 351고지 전투지원작전기념비가 있다.

통일전망대교회

부산온천제일교회에서 봉헌해 2004년 10월 15일에 준공한 통일전망대교회는 매주일 군장병들이 모여 예배하는 곳이다. 강대상 너머로 북녘 땅이 보여 남북통일을 위하여 기도할 수 있는 공간으로 관람객들에게 열려 있다.

역사문화유적

통일기원 범종

통일을 기원하는 염원을 모으고 통일 염원의 종소리를 온 누리에 울리고자 1984년에 범종을 건립했다. 범종은 지름 1.25m, 높이 1.87m, 무게 500근 규모이며 종 둘레에는 통일을 염원하는 비천문이 새겨져 있다.

6.25전쟁 체험전시관

강원도 고성군 현내면 통일전망대로 453 · 033-680-3354 · 관람시간 09:00-17:30 (동절기: 09:00-15:30)

통일전망대 주차장에는 한국전쟁의 비극을 교훈으로 삼고 민족화합과 조국의 평화통일을 기원하기 위한 6.25전쟁 체험전시관이 있다. 전쟁 체험실, 전사자 유해 발굴실, 유엔군 참전국실 등을 통해 한국전쟁 당시 동해안의 주요 전투를 현실감 있게 느낄 수 있다. 동시에 국군홍보실, 국군비전실, 병영체험실 등이 마련되어 있어 국군의 발전상과 병영생활을 한 눈에 볼 수 있다.

고성 DMZ박물관

주소 강원도 고성군 현내면 통일전망대로 369 · **전화번호** 033-680-8463 · **홈페이지** www.dmzmuseum.com · **관람시간** 매일 09:00-18:00 · **휴무** 신정, 월요일

통일전망대에서 900여 미터 떨어진 곳에 있는 DMZ박물관은 2009년 8월 고성군 현내면 송현리의 민간인출입통제선 안에 개관한 독특한 박물관이다. 전 세계에서 유일한 분단국의 상징인 DMZ(Demilitarized Zone, 비무장지대)를 주제로 휴전선이 갖는 역사적 의미, 분단의 아픔과 지속되는 군사적 충돌, DMZ의 생태환경 등을 다채로운 전시물과 영상물로 구성하였다. 전쟁을 겪어보지 못한 세대에게 분단된 한국의 역사와 현실을 보여주는 좋은 교육의 장이며, 이곳이야말로 강원도의 자화상을 가장 잘 보여주는 곳이라 할 수 있다.

박물관 앞마당에는 이현정 작가의 '그럼에도 불구하고'(2018년 제작)라는 제목의 조형물이 관람객을 맞이한다. 이 작품은 현재 한반도가 분단되어 있지만 그럼에도 불구하고 서로 만나 함께하자는 메시지를 담고 있다.

박물관 입구에는 옛 동독이 서베를린을 봉쇄하기 위해 쌓은 베를린 장벽 일부가 전시되어 있다. 1989년 베를린 장벽 붕괴 이후 화가들이 동쪽 1.3km 구간의 벽면에 자유와 평화, 희망의 메시지를 그리는 프로젝트를 추진하였는데, 전시된 장벽은 카니 알라비와 카스트 알라비 형제의 작품이다. 베를린 장벽 옆에는 옛 동서독 경계지역에서 실제로 사용되었던 철망을 이용해서 만든 동독의 국경 철책이 세워져 있다.

박물관은 총 4개의 존으로 구성되어 있다. 〈축복받지 못한 탄생〉에서는 정전협정의 과정과 DMZ의 개념을 소개한다. 또한 미군 포로의 편지, 임부택 중령의 한국전쟁 참전기 등이 전시되어 있다. 〈냉전의 유산은 이어지다〉에서는 분단 이후에도 지속된 남북한의 군사적 충돌을 다룬다. 관람객들이 센서를 밟으면 지뢰가 터지는 것처럼 연출된 흥미로운 체험 공간도 마련되어 있다. 〈그러나 DMZ는 살아있다〉에는 남과 북이 함께 건설한 승일교가 재현되어 있고, DMZ에 서식하는 천연기념물 모형이 전시되어 있다. 〈다시 꿈꾸는 땅 DMZ〉에서는 남북정상회담, 남북철도 연결과 같은 통일을 위한 발걸음을 소개한다.

DMZ박물관에는 직접 보고 체험할 수 있는 야외전시 시설이 마련되어 있다. 2004년 6월 남북장성급회담 합의에 따라 철거된 대북심리전 확성기 및 문자전광판을 비롯해 DMZ 포토존, 철책걷기체험장, 야외무대, 남북의 평화와 화해를 염원하는 다양한 조형예술품들이 설치되어 있다. 야외 공원에는 남북통일을 바라는 간절한 마음을 형상화한 '우리 하나되어'(안경문 작가, 2018년 제작), 군사분계선을 사이에 두고 철조망으로 둘러싸인 남과 북을 형상화한 '구름'(진예 작가, 2010년 제작) 등이 전시되어 있다.

또한, 1960년부터 2010년까지 동부전선 비무장지대 남방한계선에 실제로 설치되었던 구형 철책이 재현되어 있다.

DMZ평화의 길

DMZ평화의 길은 2018년의 4·27 남북정상회담 1주년을 기념해 대한민국 정부에서 2019년부터 개방한 프로그램이다. 세계에서 유일한 분단의 현장이자 자연 생태계의 보고인 비무장지대(DMZ)의 발전을 촉진하고자 정부에서 파주, 철원, 고성에 '평화의 길'을 운영하고 있다. 고성 DMZ평화의 길은 두 개의 코스가 있다. 고성 A코스는 고성 통일전망대에서 출발해 민간인 출입금지구역인 철책선을 따라 금강통문까지 2.7km를 도보로 이동하고, 이후에는 차를 이용해 금강산전망대를 거쳐 통일전망대로 돌아오는 코스이다. 고성 B코스는 도보 구간 없이 차를 타고 이동하여 금강산전망대, DMZ박물관을 거쳐 고성통일전망대로 돌아오는 코스이다.

A코스의 총 길이는 7.9km(도보 이동거리: 2.7km)이며 시간은 2시간 30분 정도 소요된다. B코스는 총 길이 7.2km이며 시간은 A코스와 동일하게 2시간 30분 정도가 걸린다. 출발 시간은 A, B코스 모두 10시, 13시 30분이다. DMZ평화의 길은 두루누비(www.durunubi.kr)에서 사전 신청 후 방문이 가능하다.

고성A코스
총길이: 7.9km
(도보 이동 거리: 2.7km)
소요 시간: 2시간 30분

고성B코스
총길이: 7.2km
소요 시간: 2시간 30분

고성 화진포

강원도 지방기념물 제10호 · **주소** 강원도 고성군 거진읍 화포리 · **전화번호** 033-680-3352

Route7의 북단 화진포에서 한국의 근현대 역사와 분단과 미래를 생각할 수 있는 곳이 바로 화진포이다. 동해안 바닷가에 자리한 화진포(花津浦)는 호숫가에 해당화가 만발한 모습에서 붙여진 이름이다. 동해안 최대의 자연호수이며, 수많은 철새가 날아들고 울창한 송림으로 둘러싸여 있다.

이곳은 원래 옛날에 외국인 선교사들이 살던 곳이다. 지금은 북한 땅인 명사십리가 자리한 원산지역에 집단으로 살던 선교사들이 1937년 중일전쟁 이후 일본의 간섭으로 이곳 화진포에 새로 자리를 잡고 선교사촌을 이루었다. 한국 전쟁 이후에는 이곳에 이승만의 별장이 건립되기도 하였다.

현재 이승만 전 대통령 별장, 이기붕 전 부통령 별장, 김일성 전 주석 별장이 안보전시관으로 남아있으며, 자연학습을 위한 해양박물관, 생태박물관이 있다.

역사문화유적

이승만 별장

강원도 고성군 현내면 죽정리 · 033-680-3677

20세기 파란만장한 삶을 살다간 이승만의 별장이 화진포 안쪽 언덕배기에 자리하고 있다. 한국전쟁이 끝난 후 1954년 별장으로 지어졌는데, 1960년까지 사용하다 폐쇄되었고, 1999년 7월 육군본부에서 별장을 복원하였다.

이승만 대통령 화진포 기념관

이승만 별장 터 뒤쪽에는 2007년에 설립된 이승만 대통령 화진포 기념관이 있다. 고성군과 육군복지단에서 육군관사로 사용하던 건물을 새롭게 보수하여 현재의 기념관을 개관하였다. 기념관에는 일목요연하게 정리된 이승만의 생애와 주요 활동, 그리고 유가족들이 기증한 50여 점이 넘는 유품들이 전시되어 있다.

이기붕 별장

강원도 고성군 거진읍 화진포길 280 · 033-680-3677

이 건물은 원래 1920년대 영국 선교사들이 지어 사용하였다. 한국전쟁 이전에는 북한군의 간부 휴양소로 사용되다가 휴전 이후 이기붕의 부인 박마리아가 개인 별장으로 사용하였다. 별장 옆에 고인돌이 있고 인근에 선교사들이 사용하던 미니 골프 시설이 남아있어 당시 선교사들의 일상을 엿보게 한다. 1999년 7월 이후 전시관으로 운영하고 있다.

①② 이승만 별장
③④ 이승만 대통령 화진포 기념관
⑤ 이기붕 별장

강원도 영동

김일성 별장

강원도 고성군 거진읍 화진포길 280 · 033-680-3677

이기붕 별장 건너편에 바닷가를 접하고 자리한 일명 '화진포의 성', 김일성 별장은 분단된 한반도의 현실을 적나라하게 보여준다. 이 성은 1937년 중일전쟁 당시 일본이 원산에 있던 외국인 휴양촌을 강제 이전시키면서, 선교사 셔우드 홀 부부가 기획하고 독일 건축가 베버(H. Weber)가 1938년에 건축해 예배당으로 사용한 곳이다. 이후 1940년까지 셔우드 홀의 별장으로 활용되었고, 그가 인도로 의료봉사를 떠나자 1948년부터 김일성의 가족 별장으로 이용되었다. 성으로 올라가는 계단 한쪽에는 지금은 고인이 된 김정일이 사진을 찍었다는 자리가 표시되어 있다.

한국전쟁 이후 훼손된 건물을 개보수하여 1995년부터 장병휴양시설로 사용하였고, 1999년부터 전시관으로 사용하였다. 2005년 3월 옛 모습을 복원하여 안보교육관으로 활용하고 있다.

1층에는 이곳에서 살았던 셔우드 홀 가족의 주요 연보와 한국에서 처음 만든 크리스마스씰 이야기 등을 전시하고 있다. 2층에는 셔우드 홀의 자서전 《조선 회상》에서 등장하는 자수정 벽난로가 재현되어 있고 3층에는 화진포와 동해 바닷가를 한눈에 볼 수 있는 전망대가 마련되어 있다.

김일성 별장은 최근 싱가포르 총리 리셴룽 부부가 개인 휴가를 보낸 휴양지로 알려져 사람들에게 더욱 유명해졌다.

역사문화유적

화진포 해양박물관

강원도 고성군 현내면 화진포길 412 · 033-680-3674 · 관람시간: 09:00-18:00

세계적으로 희귀한 조개류, 갑각류, 산호류, 화석류를 전시한 패류전시관과 수중생물을 각각의 서식 환경에 따라 보여주는 어류전시관으로 구성되어 있다.

화진포 생태박물관

강원도 고성군 거진읍 화진포길 278 · 033-681-8311 · 관람시간: 09:00-18:00

지상 3층 규모로 2013년 6월 개관하여 화진포호수와 관련한 생태계를 관찰, 학습할 수 있다.

화진포 둘레길

걷거나 자전거를 이용해 화진포와 주변 관광지를 탐방할 수 있는 화진포 둘레길이 조성되어 있다. 전체 길이는 11km(산책로 구간 1km)이다.

화진포 안내지도

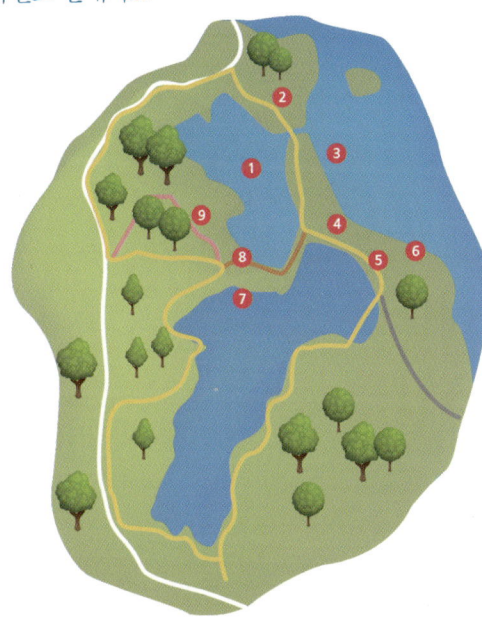

1. 화진포
2. 화진포해양박물관
3. 화진포 해변
4. 이기붕 부통령별장
5. 생태박물관
6. 화진포의 성
7. 이승만초대대통령별장, 화진포기념관
8. 소나무숲길
9. 고인돌유적지

대한민국의 결핵 퇴치를 위해 힘쓴 셔우드 홀(1893-1991)

평양선교의 개척자인 아버지, 윌리엄 홀(William J. Hall) 그리고 아버지보다 먼저 한국선교사역을 시작했고 아버지가 순직한 후에도 한국 선교사역에 박차를 기한 어머니 로제타(Rosetta)의 헌신과 열정을 이어받은 아들 셔우드 홀(Sherwood Hall, 하락)은 1893년 11월 10일 서울에서 태어났다.

1900년 평양외국인학교 첫 신입생으로 1908년까지 거기서 공부했다. 1911년 오하이오주로 가서 공부하고, 1922년 메리안과 결혼했다. 셔우드는 당대 한국인에게 가장 위험한 전염병인 결핵을 퇴치하기 위해 헌신했고, 사람들은 그를 '조선 결핵환자의 대부'로 불렀다. 특히 한국 최초의 여자 의사요 자신과 매우 친했던 박 에스더가 1910년 결핵으로 죽자 이에 충격을 받고 의사가 되기로 각오하고 미국으로 건너갔다. 1923년 토론토 의과대학을 졸업하고, 1926년 아내 메리안(Marian B. Hall)과 함께 다시 한국을 찾아 결핵 협회를 창설하고 크리스마스 씰을 만들어 보급했다.

1928년 10월에는 황해도 해주에 우리나라 최초의 결핵요양소인 해주구세요양원을 세우기도 했다. 일본에 의해 강제로 쫓겨나갈 때까지 그의 한국사랑은 계속되었다. 결핵치료 자금을 모으기 위해 1932년 우리나라 최초의 크리스마스 씰을 만든 것도 홀의 이런 관심을 반영한 것이다.

셔우드가 화진포에 별장을 지은 것은 일본의 지배가 한창이던 1937년이었다. 서양 선교사들의 집단 휴양촌이 있던 화진포를 방문한 셔우드 홀 부부는 동해 바다와 화진포 호수를 한 눈에 바라다 보는 나지막한 언덕배기에 집을 짓기로 했다. 당대에도 주변에 울창한 소나무들이 정취를 더했다. 그들은 독일인 건축가 베버에게 설계를 맡겼고, 베버는 자신의 고향 라인강변의 고성을 모델로 설계를 했다. 셔우드는 당시 화진포에서 가장 멋진 '화진포의 성'을 일본에 의해 강제로 출국 당하기 전까지 여름 별장으로 사용했다.

그가 떠난 곳은 1940년부터 해방될 때까지 마을사람들의 예배당으로 사용됐다. 1945년 이후 이 지역은 북한이 지배하는 땅이 되자, 화진포의 명성을 들은 김일성이 강제로 빼앗아 자신의 별장으로 만들었다. 이후 김일성은 1948년부터 1950년까지 아내 김정숙, 아들 김정일, 딸 김경희 등의 가족과 함께 이곳에 종종 휴양을 위해 들렸다. 김정일의 어린 시절 사진이 이곳에 남아있는 것도 그 이유 때문이다.

1941년 11월 한국을 떠난 셔우드 홀은 인도의 변방 마르다연합결핵 요양원에서 결핵 퇴치 사역을 하다가 1963년에 은퇴했다. 캐나다 밴쿠버에서 노년을 보내가 1991년 4월 5일 98세로 소천했으며, 그의 유해는 4월 17일 한국으로 와서 양화진에 안장되었다. 한국정부는 1984년 국민훈장 모란장을, 서울시는 명예시민증을 수여했다. 91세의 나이로 한국을 다시 찾았던 셔우드 홀은 여전한 한국 사랑을 이렇게 읊었다.

저는 여전히 한국을 사랑합니다. 제가 죽거든 저를 절대로 미국이나 캐나다 땅에 묻지 마시고, 내가 태어나서 자랐던 사랑하는 이 나라, 또한 내 사랑하는 어머니와 아버지 그리고 누이동생이 잠들어 있는 한국 땅에 묻어 주시기 바랍니다.

셔우드는 《조선 회상》이라는 책을 통해 가족들의 한국선교 이야기를 남겼다. 2013년 9월에 셔우드의 외손자 클리포트 킹 씨는 양화진 100주년 기념교회를 방문해서 할아버지가 사용한 왕진가방과 청진기, 해주 목회자들이 보낸 감사편지 등의 유품을 기증하였다. 강원도 고성군은 셔우드 홀 탄생 120주년을 맞이해서 김일성 별장 1층에 "닥터 셔우드 홀"을 기념하는 공간을 만들었다.

①셔우드 홀과 어머니 로제타 홀(1899)
②한국 최초의 크리스마스 씰(1932)
③박에스더 부부(1893)

더 알아보기 QR코드를 스캔해 보세요

● 로제타 셔우드 홀(한국 근대 여성의 길을 놓다)
  로제타 셔우드 홀의 일생을 담은 전기 소설

강릉
김동명문학관

주소 강원도 강릉시 사천면 샛돌1길 30-2(노동리 71) · **전화번호** 033-640-4270 · **관람시간** 10:00-18:00 · **휴무** 월요일, 화요일

2013년 7월에 개관한 김동명문학관은 강릉시 사천면 김동명 선생의 생가터에 조성되어 있다. 문학관은 김동명 시인의 대표작품인 '내 마음'을 형상화해 호수에 떠 있는 배 모양으로 만들어졌으며, 가족과 문중이 기증한 선생의 자필 원고, 회중시계 등 유품과 저서 등이 전시되어 있다. 문학관의 세미나실은 문인들 사이에 소통의 장으로 활용되고 있다.

역사문화유적

김동명문학관 오른편에는 김동명 선생의 생가가 복원되어 있다. 2004년 강릉대학교 박물관 조사단의 고증 과정을 거쳐 초가 가옥으로 건립하였다.

김동명문학관 왼편으로 난 계단을 따라 올라가면 동명언덕이 있다. 동명언덕에는 김동명시석이 세워져 있는데 왼편에는 그의 대표작 〈내 마음은〉이, 오른편에는 〈파초〉가 새겨져 있다.

망국의 통한을 읊은 민족시인, 김동명(1900-1968)

시인, 정치가, 정치평론가인 초허(超虛) 김동명은 강릉 사천에서 태어났다. 1921년 함흥 영생고등보통학교에서 수학하고, 1925년 일본 도쿄의 아오야마 전문학원에서 신학을, 니혼대학교에서 종교철학을 공부했다. 1922년《개벽》에 보들레르에게 바치는 시편인 "당신이 만약 내게 문을 열어주시면"이란 글로 문단에 등단했다. 1930년 첫 시집《나의 거문고》, 1936년 두 번째 시집《파초》를 간행했으나, 일제의 지배에 항거해 1942년 "술 노래"를 마지막으로 붓을 꺾고 창씨개명을 거부했던 실력과 배짱을 겸비한 민족시인이다. 1947년 월남해, 이화여자대학교에 교수로 현실과 정치, 사회적인 풍자를 주제로 글을 썼다. 1960년에는 초대 참의원에 당선되어 5.16 군사정변까지 정치 생활을 했다. "마음이 청결한 자는 복이 있나니(마 5:8)"라는 성경 구절을 평생의 좌우명으로 삼았던 김동명은 1968년 지병인 고혈압으로 사망했다. 서울 중랑구 망우동 묘소에 안장되었다가, 2010년 강원도 강릉시 사천면 노동하리산 32-4번지 선영으로 이장했다. 그의 대표작으로《파초》,《내 마음은》등이 있다.

파초

조국을 언제 떠났노
파초의 꿈은 가련하다

남국을 향한 불타는 향수
너의 넋은 수녀보다도 더욱 외롭구나

소낙비를 그리는 너는 정열의 여인
나는 샘물을 길어 네 발등에 붓는다

이제 밤이 차다
나는 또 너를 내 머리맡에 있게 하마

나는 즐겨 너를 위해 종이 되리니
너의 그 드리운 치맛자락으로 우리의
겨울을 가리우자

내 마음은

내 마음은 호수요
그대 노저어 오오
나는 그대의 흰 그림자를 안고
옥같이 그대의 뱃전에 부서지리다.

내 마음은 촛불이요
그대 저 문을 닫아 주오.
나는 그대의 비단 옷자락에 떨며, 고요히
최후의 한 방울도 남김 없이 타오리다.

내 마음은 나그네요
그대 피리를 불어주오
나는 달 아래 귀를 기울이며, 호젓이
나의 밤을 새이오리다.

내마음은 낙엽이요
잠깐 그대의 뜰에 머물게 하오
이제 바람이 일면 나는 또 나그네같이, 외로이
그대를 떠나오리다.

강원도 영동

태백
철암탄광역사촌

주소 강원도 태백시 철암동 366-46 · **전화번호** 033-582-8070 · **홈페이지** cheolam.tistory.com · **개방시간** 매일 10:00 ~ 17:00 · **휴관** 매월 1,3주 월요일

철암탄광역사촌은 대한민국 산업화의 근간이었던 석탄산업의 과거와 현재를 재조명해 볼 수 있는 생활사박물관이다.
철암(鐵岩)은 쇠바위라는 뜻으로 마을 북쪽 백산과 경계 부근의 철도변에 높이 약 20m, 넓이 약 30m 되는 큰 바위에서 돌을 떼내어 이를 녹여 쇠를 얻기도 하여 마을 이름을 쇠바위마을, 즉 철암마을로 부르게 되었다.
광산을 개발하던 초기에 구하기 쉬운 재료로, 산 언덕에 돌을 깔고 집터를 만들고, 판자를 얼기설기 붙여 비바람을 피했다. 자연스럽게 좁은 골목길에 옹기종기 모여 사는 광산마을이 형성되었다. 철암은 석탄산업의 부흥으로 인구가 5만명에 이르기까지 번성하였고, 1980년대 탄광에서 일하는 광부들과 가족, 상인들로 가득 차 활기 넘치는 탄광촌이었다.

역사문화유적

전국 각지에서 온 사람들의 삶을 반영하듯 호남슈퍼, 한양다방, 봉화식당 등 다양한 지역 이름을 딴 과거 상점이 그대로 남아있으며, 지금은 철암탄광역사촌으로 재단장하여 전시장으로 사용하고 있다. 페리카나 1층에서 관람 안내 및 해설을 제공한다. 페리카나 기획전시실(2층)에는 탄광촌의 과거 사진과 광부들의 생활 용품이 전시되어 있다.

호남슈퍼 1층 〈태백의 창〉에서는 철암의 유래에 관한 설명과 과거의 생활모습을 재현해 놓았다. 3층 철암마을전망대에 오르면 국가등록문화재 제21호로 지정된 철암마을 철암역두선탄장을 조망할 수 있다. 무연탄을 연료로 본격적으로 사용하기 시작할 때 만들어진 국내 최초의 무연탄 선탄 시설로, 우리나라 근대 산업사를 상징하는 주요 시설로 평가받고 있다.

신설교에서는 철암천 변을 따라 선 '까치발 건물' 11동을 볼 수 있다. 까치발 건물은 주민에 비해 부족한 주거 공간을 확보하려고 하천 바닥에 목재나 철재로 지지대를 만들어 마치 까치발을 하고 있다고 해서 붙여진 이름이다. 이렇게 넓혀진 집이, 탄광촌의 상징물이다. 신설교를 건너 전망대로 올라가는 길에는 가족에게 인사를 하는 광부의 동상과 갱도가 재현되어 있다.

전망대에 오르면 철암탄광역사촌과 철암역두선착장을 한 눈에 볼 수 있다. 마을을 걷다 보면 탄광과 광부를 주제로 한 소소한 그림과 재미있는 조형물을 볼 수 있다.

강릉 국립대관령 치유의숲

주소 강원도 강릉시 성산면 대관령옛길 127-42(어흘리 2-31) · **전화번호** 033-642-8651-2 · **이용시간**(당일방문) 09:00~12:00, 13:00~18:00 · **주차** 프로그램 예약자에 한하여 주차 가능(소형 10대 주차 가능) · **프로그램 안내** www.fowi.or.kr

분단과 통일이라는 주제는 우리들의 마음속 상처부터 치유될 것을 요구하는 것일까? 이곳에 90년 이상 된 금강소나무가 원시림 상태로 보존된 국립대관령치유의숲은 산림청에 의해 2016년에 조성되었다. 이곳 대관령의 울창한 소나무 숲은 대관령 옛길, 선자령, 제왕산, 오봉산 등의 백두대간 등산로와 연계되어 있는데 숲길 난이도 및 특색에 따라 8개의 숲길이 조성되어 있다. 산림청에서 다양한 산림치유 활동과 프로그램을 운영하고 있어 예약을 통해 이용할 수 있다. 주차장에서 국립대관령치유의숲까지 거리가 멀기 때문에 숲길 체험을 원하는 당일 방문자는 우주선펜션에 주차하면 시간을 아낄 수 있다. 물론 식사를 하거나 음료를 구입해야 한다.

힐링 휴양지

대관령치유의숲에 진입하기 전에 강의실, 체험실, 건강측정실, 방문자안내센터를 갖춘 대관령치유센터를 만날 수 있다. 치유센터 왼편으로 치유데크로드가 조성되어 있고, 오른편에는 솔향기치유숲길로 갈 수 있는 11번 길이 있다. 1번부터 31번까지 각 구간마다 이정표가 설치되어 있어 자유로운 숲길을 선택할 수 있다.

가벼운 코스로는 솔향기치유숲길(1.1km)을 먼저 걷고, 물소리숲길 일부 구간을 거쳐 치유데크로드(600m)를 걸어보는 것을 추천한다. 노약자 및 유모차, 휠체어 이용자는 계단이 없이 데크로만 이루어진 치유데크로드(600m)를 부담 없이 즐길 수 있다. 치유데크로드 마지막 부분에는 장엄한 대관령 산줄기와 대관령옛길이 한눈에 내려다보이는 금강송전망대가 있다. 아름다운 경관 속에서 시원한 금강 소나무 풍욕, 바람으로 몸을 씻기는 즐거움을 즐길 수 있는 명소이다.

대관령치유의숲 주변에는 한국에서 최초로 개장한 휴양림이자 200-300년 이상의 소나무와 참나무들로 둘러싸인 대관령자연휴양림과 오래 전부터 영동과 영서를 잇는 교역로와 교통로로 이용되었던 대관령 옛길(명승 제74호) 등산로, 대관령박물관 등이 있다.

8개의 숲길

치유데크로드 (0.6km / 20분)
솔향기치유숲길 (1.1km / 40분)
도전숲길 (1.4km / 1시간)
물소리숲길 (1.0km / 40분)

소나무숲길 (1.1km / 40분)
오봉산숲길 (1.0km / 1시간)
치유마루길 (1.6km / 1시간)
물치유숲길 (0.8m / 30분)

프로그램 소개

신사임당 숲태교: 임산부 또는 임신 부부 대상의 자연친화적 태교활동
솔수풀 톡톡(talktalk) 패밀리: 가족을 대상으로 하는 숲활동
수리수리 숲학교: 청소년을 대상으로 진행되는 숲속놀이
직장인 맞춤형 프로그램: 숲길 명상을 통한 스트레스 해소
쏠쏠올 테라피: 피톤치드 호흡, 아로마테라피 등 면역력 향상 프로그램
대관령숲 별이 빛나는 밤에: 7-9월에 진행되는 이색적인 피서활동
백년 소나무 숲에서 하룻밤: 단체를 대상으로 하는 강릉 주요 생태관광지 탐방

강원도 영동

동해 무릉계곡

국가지정문화제 명승 제37호 · **주소** 강원도 동해시 삼화로 538 · **전화번호** 033-539-3700

일명 '한국의 그랜드 캐니언', '무릉도원'이라 불리는 무릉계곡은 백두대간의 준령인 두타산과 청옥산을 배경으로 형성된 곳으로 병풍바위와 베틀바위, 쌍폭포와 용추폭포 등 수많은 바위와 폭포들이 절경을 이루고 있다.
일반인이 즐겨 찾는 코스는 관리사무소에서 출발해 삼화사를 거쳐 용추폭포까지 왕복하는 D구간이다. 여유가 있다면 베틀바위 전망대를 통과하는 A-B-C 구간을 편도로 이용하는 것도 좋다.

베틀바위 산성길 노선도

A구간 관리사무소 → 베틀바위 전망대 (1.5km/편도60분)
B구간 관리사무소 → 베틀바위 전망대 → 미륵바위 → 두타산성 (2.7km/편도90분)
C구간 관리사무소 → 베틀바위 전망대 → 두타산성 → 박달계곡 → 용추폭포 (4.7km/편도180분)
D구간 관리사무소 → 용추폭포 (2.6km/편도50분)

D구간 산행코스

무릉바위

무릉계곡의 시작을 알리는 무릉바위는 1,000명이 앉을 수 있다는 거대한 암반이다. 바위에는 수많은 글귀들이 새겨져 있는데 조선 후기의 대표적인 풍속화가 단원 김홍도가 그린 《금강사군첩》에 수록된 '무릉계'의 배경으로도 등장하였다.

금란정

삼척지방 유생들이 일제 강점기에 '금란계'라는 모임을 만들어 정각을 건립하고자 하였으나 일본의 방해로 중단되었다가 1947년 북평동 단봉 석경지에 금란정을 건립했다. 이후 1958년 이곳으로 이전하였다. 금란정에서 내려다보는 무릉바위의 절경이 일품이다.

최인희 시비

강원도 영동지역의 대표적인 시인 최인희를 기리고자 세운 '낙조'의 시비가 있다. 그는 시인 서정주의 추천을 받아 문단에 알려지기 시작했다.

용(해)오름길

삼화사가 있는 곳에서 시작하여 용추폭포에 이르는 6km의 무릉계곡 구간을 일컫는다. 용이 두타산을 오르던 길이라고 하여 붙여진 용오름길은 정체 불명의 까만 줄이 남아있다.

학소대(鶴巢臺)

기암절벽으로 이루어진 넓은 바위에 학이 둥지를 트고 살고 있었다고 하여 붙여진 이름이다.

선녀탕

크고 높은 바위들 사이로 맑고 깨끗한 물이 들어가 자연욕조를 연상케 한다. 선녀들이 즐겨 목욕을 하면서 놀았다고 하여 선녀탕이라 불린다.

쌍폭포

바위 벽으로 두 줄기의 폭포수가 쏟아져 내리고 있어 쌍폭포라고 불린다. 문화체육관광부 한국관광공사가 지정한 사진 찍기 좋은 녹색명소이다.

용추폭포

'깊은 웅덩이'(龍湫)라는 뜻을 가진 용추폭포는 3단의 바위에 부딪히며 세 개의 폭포를 만들어 낸다. 조선시대에 가뭄이 들면 이곳에서 기우제를 지냈다고 전해지는데 하단 암벽에는 무릉계의 뛰어난 경치를 표현한 글씨가 새겨져 있다.

부록

추천 코스
강원도 DMZ 관광

추천 코스

춘천—화천—양구 코스(1박 2일)

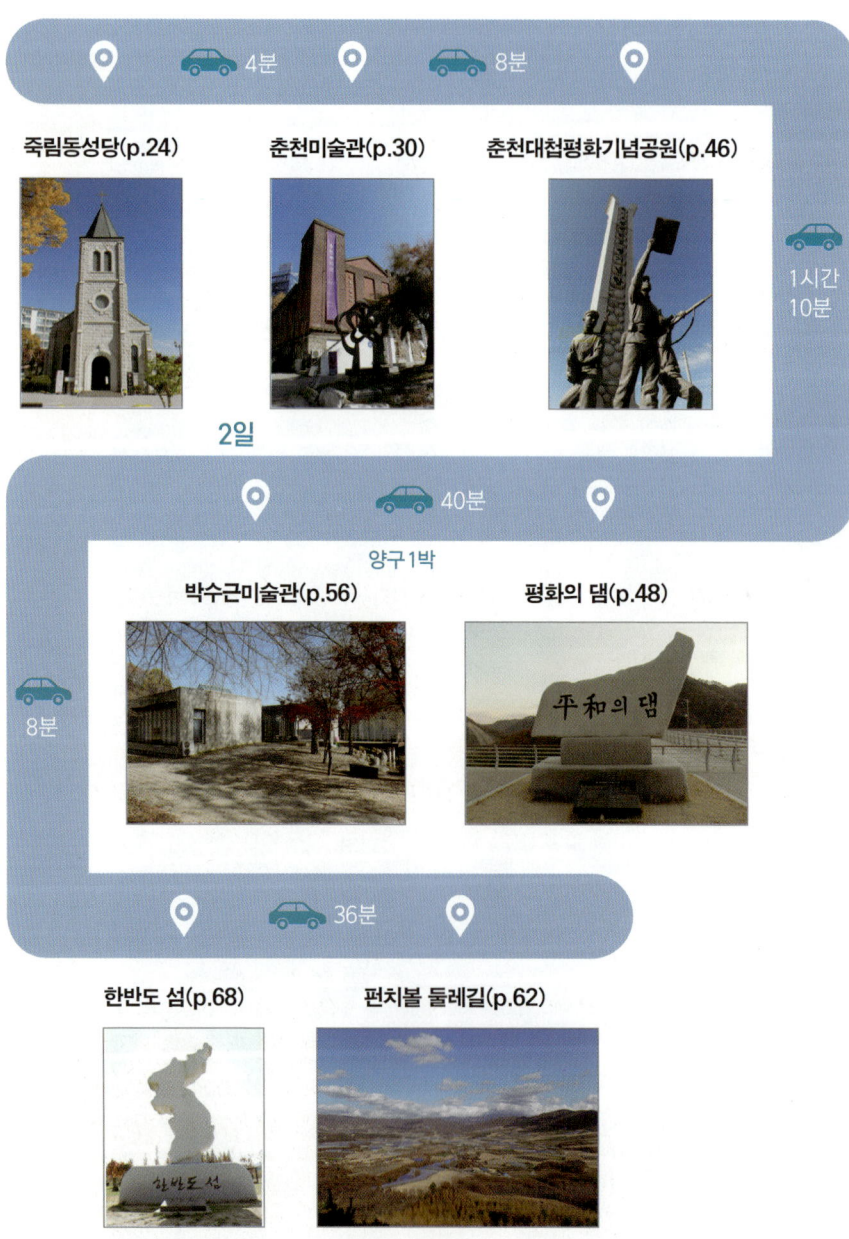

횡성—원주—영월 코스(1박 2일)

1일

풍수원성당(p.76) — 43분 — 원주세브란스기독병원(p.88) — 2분 — 원주제일교회(p.84) — 12분 — 제2가나안농군학교(p.92) — 3분 — 용소막성당(p.80) — 23분 — 박경리문학공원(p.102) — 40분

2일

영월1박 — 한반도지형(p.110) — 22분 — 강원도탄광문화촌(p.108)

추천 코스

고성―강릉―동해―태백 코스(2박 3일)

1일

통일전망대(p.142) — 4분 — **DMZ박물관(p.146)** — 17분 — **화진포(p.150)** — 1시간 20분

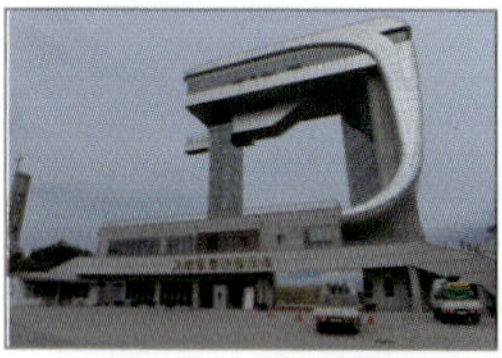

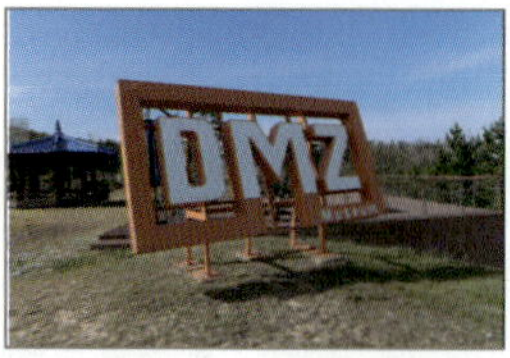

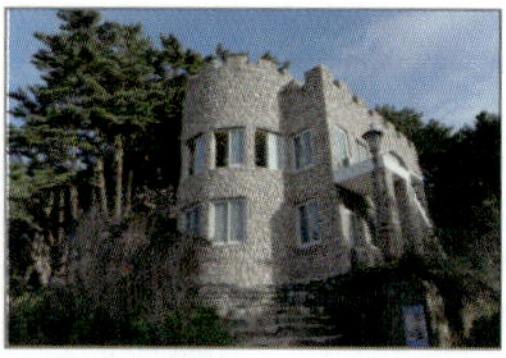

2일

대관령치유의숲(p.162) — 강릉1박 — **김동명문학관 (p.156)** — 43분

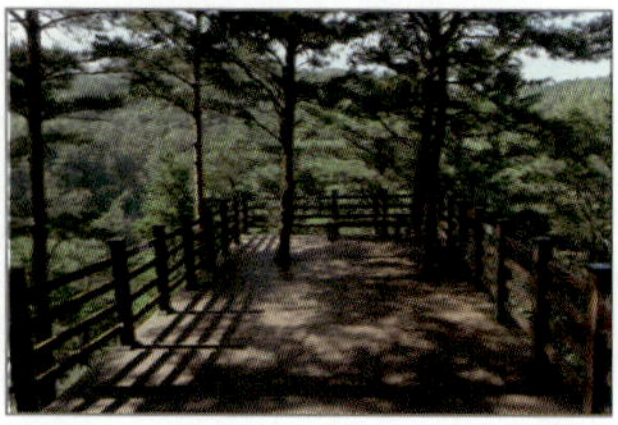

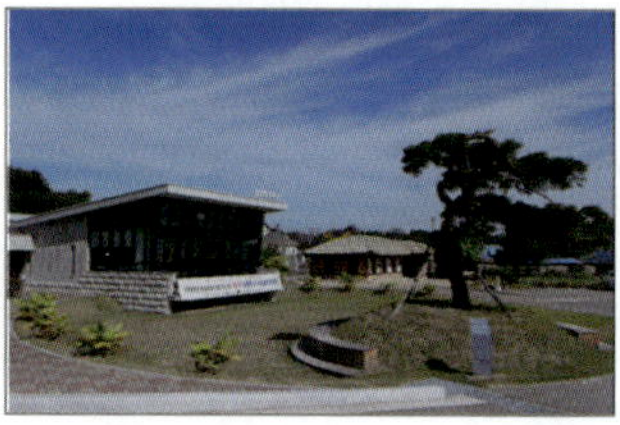

3일

동해1박

천곡교회(p.134)

무릉계곡(p.164) — 1시간 —

철암탄광역사촌(p.160)

루트 7 코스 (1박 2일)

1일

- 삼척하가교회 — 41분 — 삼척제일교회 — 13분 — 동해 북평제일교회(p.131)  — 10분

강릉1박

- 15분 — 강릉주문진교회 — 17분 — 강릉중앙감리교회(p.128) — 42분 — 동해 천곡교회(p.134)

2일

- 19분 — 26분 — 29분

현남중앙교회

양양감리교회(p.120)

속초감리교회

고성간성교회

강원도 DMZ 관련 관광지

철원

백마고지 전적지 & DMZ 평화의 길(철원 코스)

주소 강원도 철원군 철원읍 대마1길 72 **전화번호** 033-450-5559

한국전쟁 당시의 격전지로, 고지의 주인이 24번이나 바뀌었을 정도로 가장 치열했던 전투가 벌어졌던 곳이다. 이로 인해 고지의 모양이 바뀌었는데, 바뀐 고지의 모습이 백마가 누워있는 모습과 같다고 하여 '백마'고지라 이름 붙여졌다. 현재 이곳에는 위령비와 분향소가 마련되어 있고, 기념관이 조성되어 있다.

백마고지전적지를 출발해 백마고지 조망대와 공작새능선 조망대 등을 탐방할 수 있는 'DMZ평화의길' 프로그램이 운영되고 있다. 총 길이 15km(도보이동거리 3.5km)의 코스로 출발 시간은 오전 10시, 오후 2시이며, 약 3시간 정도 소요된다. 홈페이지(https://www.durunubi.kr) 예약이 필수이다.

월정리역

주소 강원도 철원군 철원읍 평화로 3591 **전화번호** 033-450-5060 **운영시간** 매일 09:00-18:00 **휴무** 화요일, 1월 1일, 어린이날, 설날·추석 **홈페이지** hantan.cwg.go.kr

철원 안보 여행의 대표적인 경유지로 남방한계선에서 가장 가까운 곳에 위치한 기차역이다. 원래 서울에서 원산까지 오가는 경원선의 간이역이었던 곳이었으나 현재는 1988년에 복원한 월정역사와 그 주변에 기차의 잔해와 '철마는 달리고 싶다'는 팻말이 남아있다.

철원군에서는 고석정에서 출발하여 제2땅굴, 철원평화전망대, 월정리역에 이르는 고석정출발 안보투어와, 백마고지역에서 출발하여 대마리초소, 제2땅굴, 평화전망대, 월정리역을 거쳐 노동당사까지 둘러볼 수 있는 백마고지역 출발투어를 운영하고 있다. 견학당일 신분증을 지참하여 출발 지역의 관광안내소 접수처에 신청서를 접수하면 투어가 가능하다.

고석정출발 안보투어(3시간 소요): 1일 총 4회, 09:30, 10:30, 13:00, 14:00
백마고지역 출발투어(3시간 소요): 1일 총 2회, 10:30, 14:00

평화전망대

주소 강원도 철원군 동송읍 중강리 588-14 **전화번호** 033-450-5440

DMZ와 북한지역인 평강고원, 북한의 선전마을을 조망할 수 있는 전망대이다. 초정밀 망원경시설과 최첨단 기술로 제작된 지형 축소판이 마련되어 있어 분단의 현실을 더욱 생생하게 느낄 수 있는 곳으로서 모노레일카를 이용해 더욱 편안하고 안전하게 방문할 수 있다. 전망대 바로 옆에는 우리나라 최북단 교회인 필승교회가 있다.

제2땅굴

주소 강원도 철원군 동송읍 태봉로 1825 **전화번호** 033-450-5559 **휴일** 매주 화요일, 1월 1일, 어린이날, 명절연휴

1975년 3월 19일 한국군 지역에서는 두 번째로 발견된 북한의 남침용 지하 땅굴이다. 총 길이 3.5km, 높이 2m의 아치형 터널로 관람객들은 안전모를 쓰고 500m 아래까지 땅굴을 관람할 수 있으며 군사분계선 남쪽으로 1.1km까지 파 내려온 흔적을 볼 수 있다. 현재 북한의 실상을 알리기 위한 안보 견학장의 역할을 하고 있다.

승리전망대

주소 강원도 철원군 근동면 광삼리 2 **전화번호** 033-450-5900 **이용시간** 월요일, 수요일, 목요일, 금요일, 토요일, 일요일 **휴일** 매주 화요일, 1월 1일, 어린이날, 명절연휴

승리전망대는 DMZ 부근에 위치한 여러 전망대들 가운데 특히 북한의 모습을 관찰하기에 좋은 곳으로 알려져 있다. 승리전망대의 위치는 철원군 근남면 마현2리로 248Km에 이르는 군사분계선의 정중앙에 자리잡고 있다. 이곳에는 우리 지역인 대성산, 적근산, 삼천봉을 비롯해 잡초 속에 묻혀 있는 금강산 전철길이 선명하게 눈에 들어오며 한국전쟁 당시 격전지였던 오성산과 금성지역 등 북한 지역도 한눈에 바라볼 수 있다. 승리전망대는 개인 관람이 불가하며, 마현리의 승리전망대 매표소에서 신청서를 작성한 후 정해진 시간에 따라 인솔자의 인솔하에 투어가 진행된다.

DMZ 생태평화공원

주소 강원도 철원군 김화읍 생창길 481-1 **전화번호** 033-458-3633 **홈페이지** www.cwg.go.kr

그 동안 민간인에게 한 번도 개방되지 않았던 곳으로 2016년에 개장하였다. 코스는 성재산을 오르는 십자탑 탐방로와 화강(옛 남대천) 최북단에 조성된 용양보(저수지)를 돌아보는 길로 구성되어 있다. 이용시간은 오전 10시, 오후 2시이며, 예약 신청은 1일전까지 가능하다.

DMZ 두루미평화타운

주소 강원도 철원군 동송읍 양지2길 15-21 **전화번호** 033-452-9989 **운영시간** 매일 09:00-18:00 **휴무** 매주 화요일 **홈페이지** www.cwg.go.kr

초등학교를 리모델링하여 2016년에 개관하였다. 두루미 및 야생동물 등 자연생태의 지식 습득을 위한 도서관과 생태교육실, 다양한 정보와 더불어 편안한 쉼터가 되도록 카페 등이 마련되어 있으며, 탐방 및 숙박을 위한 프로그램과 시설이 준비되어 있다.

화천

칠성전망대

주소 강원도 화천군 상서면 산양리 512-4 **전화번호** 033-442-5693 **이용시간** 11:00, 13:00, 15:00 **휴일** 매주 월요일

우리나라 육군 제7보병사단인 상승칠성부대가 주둔하고 있는 곳이다. 이곳에서는 남한에서는 유일하게 북한으로 흘러갔다가 평화의 댐으로 이어지는 금성천 뿐만 아니라 북한의 아름다운 산과 들, DMZ 내에 서식하는 야생동물들을 관찰할 수 있다. 당일 관람이 가능하므로 당일 정해진 시간까지 산양리 군장병 안내소를 통해 방문신청을 하면 된다.

양구

양구 DMZ 펀치볼 둘레길

주소 강원도 양구군 해안면 해안서화로 23 **홈페이지** www.dmztrail.or.kr

민간인 출입통제 지역 내에 조성된 펀치볼 둘레길로 총 4구간의 길이 조성되어 있다. 미확인 지뢰지역과 인접한 지역이므로 숲해설가의 안내에 따라 탐방할 수 있다. 탐방은 하루 2회 정해진 시간(오전 9시 20분, 오후 1시 30분)에 출발하며 탐방 3일 전까지 인터넷 예약(http://www.komount.kr)을 통해 숲길예약을 해야 한다.

국립DMZ자생식물원

주소 강원도 양구군 해안면 펀치볼로 916-70 **홈페이지** www.forest.go.kr

DMZ에서 자라고 있는 식물을 보존-연구하기 위해 국립수목원에서 운영하고 있는 식물원이다. 식물원에는 희귀-특산식물원, 북방계식물전시원 등 모두 8개의 전시 공간으로 구성되어 있으며, 이 밖에도 국제연구센터, 방문자 센터 등이 세워져 있다.

제4땅굴

주소 강원도 양구군 해안면 이현리 233-4 **전화번호** 033-480-2674(양구통일관) **운영시간** 출입신청 16:00까지 가능 **휴무** 매주 월요일, 1월 1일, 설날과 추석 오전 **홈페이지** www.ygtour.kr

군사분계선에서 불과 1.2km 떨어진, 양구 동북방 26Km 지점 DMZ 안에 위치한 제4땅굴은 관람용 전동차를 이용해 땅굴 내부를 관람할 수 있는 곳으로 1990년 3월 3일에 발견되었다. 입구 주변으로는 기념비와 안보교육관이 있다. 안보교육관에는 280여 명을 동시에 수용할 수 있는 영화관과 전시관, 북한의 여행지를 필름에 담은 3-D 입체 영상기 등이 마련되어 있다.

을지전망대

주소 강원도 양구군 해안면 이현리 **전화번호** 033-480-2674(양구통일관) **운영시간** 출입신청 16:00까지 가능 **휴무** 매주 월요일

군사분계선으로부터 약 1km 남쪽지점에 위치하고 있는 을지전망대는 금강산 주변과 양구군 해안면 일대를 조망할 수 있는 최적의 장소이다. 한국전쟁 당시 격전지였던 가칠봉 능선 해발 1,049m 높이에 위치하고 있으며, 1998년부터 여행객들이 출입할 수 있게 되었다. 근처 양구통일관을 통해 당일 오후 4시까지 신청서를 작성하면 방문이 가능하다.

DMZ자연치유생태마을

주소 강원도 양구군 동면 후곡리 302 **전화번호** 033-480-2251 **홈페이지** www.ygtour.kr

양구군 동면 후곡리 일대에 조성된 자연치유생태마을로 2014년 문을 열었다. 지역 주민들이 직접 농사 지은 친환경 농산물로 만든 치료제 등을 공급하고, 아토피와 비만 치료를 위한 산체 체험장과 한방진료, 교육과 상담 등이 이루어진다.

양구자연생태공원&DMZ야생동물생태관&DMZ야생화분재원

주소 강원도 양구군 동면 숨골로310번길 140 **전화번호** 033-480-2530 **이용시간** 09:00 ~ 19:00 **휴무** 매주 월요일, 매년 1월 1일 **홈페이지** www.yg-eco.kr

양구자연생태공원은 양구수목원과 DMZ야생동물생태관, DMZ야생화분재원, 생태탐방로가 어우러진 자연 중심의 생태공원으로 대암산 해발 450m의 자락에 조성된 자연 생태를 오감으로 느끼고 체험할 수 있는 곳이다. 공원 내에 있는 DMZ야생동물생태관은 DMZ의 멸종위기 야생동식물을 보존하기 위해 지난 2011년에 건립된 곳으로 동물전시관과 야생동물 생태관 등을 갖추고 있으며, 천연기념물 산양을 비롯해 DMZ에 자생하는 희귀 야생 동.식물과 조류, 곤충류 등을 첨단 미디어 장비들을 통해 관람할 수 있다. 이 외에도 공원 내에는 DMZ 인근에 서식하는 식물의 보존 및 증식을 위해 자연 그대로의 모습을 분재 형태로 재현한 DMZ야생화분재원이 있다.

인제

한국DMZ평화생명동산

주소 강원도 인제군 서화면 금강로 1630 **전화번호** 033-463-5155 **홈페이지** www.dmzecopeace.com

DMZ 일원의 생태 환경과 역사, 문화를 올바르게 인식하고 보전하는 동시에 DMZ의 가치를 세계화하고자 하는 목적으로 조성되었다. 이곳의 전시관에서는 DMZ의 의미와 역사적 배경, DMZ 인근의 자연과 생태 환경을 알 수 있는 다채로운 전시물들을 볼 수 있고, DMZ와 관련된 다양한 프로그램도 진행하고 있다. 교육시설과 명상원, 숙박시설 등을 갖추고 있다.

대암산 용늪

주소 강원도 인제군 서화면 서흥리 산170 **전화번호** 033-460-2065 **운영시간** 사전예약 **홈페이지** sum.inje.go.kr

대암산 구릉지대에 형성된 용늪은 용이 쉬었다 가는 곳이라는 전설에서 유래한 이름으로 북방계와 남방계 식물이 공존하는 곳이다. 1966년 비무장지대의 생태계 조사 과정에서 발견된 후, 1997년 3월 국제습지보호조약인 람사르 협약에 대한민국 1호 습지로 등록되었다.

대암산 용늪 생태탐방은 서흘리 탐방코스와 가아리 탐방코스로 두 코스를 운영하고 있다. 탐방객 20인 기준으로 1명의 주민 안내원이 동행해야 하며, 사전에 인터넷(sum.inje.go.kr)예약을 통해 탐방을 신청해야 한다.
서흥리 탐방코스(소요시간 5-6시간): 9시(50명), 10시(40명), 11시(40명)
가아리 탐방코스(소요시간 3시간): 10시(20명)

점봉산 곰배령

주소 강원도 인제군 기린면 진동리 **전화번호** 033-463-8166 **운영시간** 사전예약제

우리나라에서 가장 원시림에 가까운 점봉산 일대에 위치한 고개로 각종 희귀식물과 산나물을 만나볼 수 있다. 한반도 식물의 남북방 서식지의 한계선에 맞닿아 있는 곰배령은 유네스코가 지정한 생물권 보존구역으로 개별등산은 불가하며 사전에 산림청 홈페이지(https://www.forest.go.kr)를 통해 예약해야 탐방이 가능하다. 곰배령 생태탐방로는 총 10.5km(소요시간 4시간) 구간으로 입산 시간은 하절기 1일 3회(9시, 10시, 11시), 동절기 2회(10시, 11시)이다.

고성

고성통일전망대 & DMZ평화의길(고성 코스)

주소 강원도 고성군 현내면 금강산로 481(마차진리 188) **전화번호** 033-682-0088 **홈페이지** www.tongiltour.co.kr

우리나라 최북단에 위치한 통일전망대는 1983년에 개관하였다. 금강산 최고봉인 비로봉과 일출봉을 비롯해 푸른 동해바다를 신비하게 수놓고 있는 해금강을 감상할 수 있다. 통일전망대 주차장에 있는 6.25 전쟁체험전시관은 통일전망대 방문 시 빼놓지 말고 들러야 할 곳이다.

통일전망대를 출발해 금강산전망대를 탐방할 수 있는 'DMZ평화의길' 프로그램이 운영되고 있다. 도보로 이용하는 A코스(7.9km)와 차량으로 이동하는 B코스(7.2km)가 있는데, 출발 시간은 오전 10시, 오후 2시이며, 약 2시간 반 정도 소요된다. 홈페이지(https://www.durunubi.kr) 예약이 필수이다.

DMZ박물관

주소 강원도 고성군 현내면 통일전망대로 369 **전화번호** 033-680-8463 **홈페이지** www.dmzmuseum.com **관람시간** 매일 09:00-18:00 **휴무** 신정, 월요일

2009년 민간인 통제구역 내에 건립된 박물관이다. 6.25 전쟁 발발 전후의 모습과 군사분계선의 역사적인 의미, 이산가족의 아픔, DMZ의 생태 환경 등을 주제로 한 전시물과 영상물이 전시되어 있다. 또한 미군 포로의 편지를 비롯해 DMZ 및 인근에서 발굴된 전쟁 유물들도 다수 전시되어 있다. 야외에는 대북심리전 확성기 및 문자전광판을 비롯해 DMZ 포토존, 철책걷기체험장, 야외무대, 남북의 평화와 화해를 염원하는 다양한 조형예술품들이 설치되어 있다.

에필로그

강원도 인문학 산책-기독교가 안내하는 강원도 여행

강원도기독교총연합회·키아츠(KIATS)

산이 많고 작은 우리나라 땅엔 오랜 역사가 두툼한 퇴적층을 이루고 있습니다. 강대국 사이에 짓눌리고 근대화가 늦었던 우리 민족은 20세기에도 격변의 세월을 보냈습니다. 그래도 우리는 일제강점기와 분단의 어려움을 잘 극복하고, 산업화와 민주화를 동시에 이루어 내었습니다. 이제는 웰빙과 힐링과 문화와 역사탐방을 즐기고 누리는 시대까지 왔습니다. 우리에게 여전한 남북 분단의 아픔을 가장 예리하게 느끼게 해주는 강원도도 강원도만의 특징을 보여주는 이야기와 볼 것과 느낄 것과 먹을 것과 생각할 것과 청정 해안가로 가득 차 있습니다.

19세기 후반에 한국 땅에 들어온 기독교는 근-현대 한국의 역사와 깊게 어우러져 우리나라 방방곡곡에 수많은 감동적인 이야기들을 남겨 왔습니다. 산이 많고 교통이 좋지 않았던 강원도에도 기독교가 먼저 들어왔고, 강원도의 근대교육과 민족운동과 지역 발전에 기여해 왔습니다. 특별히 서울에서 금강산을 잇는 길을 따라, 원산-화진포-강릉에 이르는 바닷길을 따라, 북한강에서 춘천과 그 너머까지 이르는 뱃길을 따라, 원주감영을 중심으로 기독교가 전파되고 교회가 세워졌습니다. 18세기 말부터 시작된 천주교의 박해를 피해 산골 강원도로 피신해온 가톨릭 교우들에게는 안전한 안식처 역할도 했습니다. 비록 평양과 서울을 포함한 다른 지역에 비해 기독교의 전파가 더뎠지만, 기독교는 여느 지역 못지않게 중요한 유산과 흔적을 이곳에도 남겼습니다.

최근 많은 기독교인들과 일반인들이 우리 땅, 우리의 신앙유산을 찾아 나서고 있습니다. 다른 지역에 비해 기독교에 기반한 안내자료가 부족하던 차에, 강원도와 강원도기독교총연합회의 도움으로 이번에 이 책을 출간하게 되었습니다. 강원도를 여행하는 분들에게 두 가지를 나누고 싶습니다.

첫째, 강원도에는 전라도 여수의 손양원이나 영광염산교회 같은 전국구 순교자가 있는 곳은 아닙니다. 하지만, 강원도 기독교의 특징을 잘 드러내 줄 만한 기독교의 역사적인 유산과 이야기들이 곳곳에 있습니다. 아직까지 체계적인 연구나 출간이 이루어지지 않았다고 말하는 것이 더 적절할지 모릅니다. 하지만, 이번 책을 계기로 강원도 기독교에 대한 심도 있고 체계적인 연구가 이루어지면 좋겠습니다. 우리가 책에서 언급한 쿠퍼 벨트, 하디 벨트, Route7, 김한달 벨트는 석박사 논문을 쓸 정도로 가치가 있는 주제들입니다. 은근하게 감추어져 있는 강원도 기독교의 보고들을 느끼는 여행이 되기를 소망합니다.

둘째, 강원도 순례는 강원도의 특징과 함께하면 기쁨이 배가 됩니다. 해방 후 북한 지역에 있다가 한국전쟁을 거치면서 우리 땅이 된 강원도에는 당연히 분단과 관련된 곳이 많습니다. 자라나는 학생들과 함께 분단과 통일을 공부할 현장으로 삼을 수 있습니다. 또한 힐링과 생태, 자연과 연관된 곳이 어느 지역보다 많아서, 시간을 여유 있게 잡아 생태 탐방길도 걷고, 곳곳에 얽혀 있는 이야기를 커피 한잔과 함께 긴 호흡으로 읽고 느껴 보았으면 합니다. 그래서 이 책의 이름을 '강원도 인문학 산책'이라 이름을 붙여 보았습니다. 이런 차원에서 기독교 순례와 역사탐방을 처음부터 강원도의 특징을 담아내는 여행으로 기획하면 좋겠습니다.

이 책은 하루아침에 이루어지지 않았습니다. 10여 년 전부터 정재호 목사님, 함재홍 목사님, 이병철 목사님을 비롯한 여러분들이 머리를 맞대고 이런 일을 꿈꾸어 왔습니다. 특히 이 과정에서 강원도기독교총연합회의 사무총장을 오랫동안 맡았던 함재홍 목사님의 수고가 컸습니다. 하지만, 상황이 여의치 않아 포기할 수준까지 되었습니다. 그런데 이번에 강원도기독교총연합회의 회장이 되신 이수형 목사님과 유화종 사무총장님의 헌신으로 드디어 빛을 보게 되었습니다. 물론, 최문순 강원도 도지사님과 담당 직원들의 도움이 없었으면 이번에도 힘들었을 것입니다. 비록 작은 첫걸음이지만, 모든 분들에게 빚진 마음과 감사의 마음을 전합니다.

키아츠는 우리 땅 한국의 기독교 역사와 신앙유산을 정리하고 이를 국내외에 알리는 작업을 진행해 왔습니다. 그러한 연구들이 국내 410곳의 기독교 유적을 모은 《한국기독교 성지순례 50벨트》로 2017년 간행되어 많은 분들의 사랑을 받고 있습니다. 이후 키아츠는 지역별로 보다 간편하게 한 손에 들고 다닐만한 책을 출간하고 있습니다. 《강원도 인문학 산책》(기독교가 안내하는 강원도 여행)이 보다 많은 기독교인들과 일반인들이 강원도를 보다 쉽게 찾도록 도와주는 도우미 역할을 하게 될 것을 기대합니다. 강원도 화천 주민인 저도 여러분을 강원도에 적극적으로 초대합니다.

김재현, 키아츠 원장, 연구진을 대표하여